Schriften des deutschen Vereins

für

Armenpflege und Wohltätigkeit.

Achtundsiebzigstes Heft.

Silbergleit, Finanzstatistik der Armenverwaltungen von 130 deutschen Städten 1901 bis 1905.

Leipzig,
Verlag von Duncker & Humblot.
1908.

Finanzstatistik

der

Armenverwaltungen

von

130 deutschen Städten

1901 bis 1905.

Im Auftrage des deutschen Vereins für Armenpflege
und Wohltätigkeit

bearbeitet von

Prof. Dr. Heinrich Silbergleit,
Direktor des Statistischen Amts der Stadt Berlin.

Leipzig,
Verlag von Duncker & Humblot.
1908.

Inhaltsverzeichnis.

Finanzstatistik der Armenverwaltungen.

Bearbeitet von

Prof. Dr. **Heinrich Silbergleit,**
Direktor des Statistischen Amts der Stadt Berlin.

Einleitung.

Vom Deutschen Verein für Armenpflege und Wohltätigkeit wurde erstmals für das Jahr 1900 eine eingehende Finanzstatistik der Armenverwaltungen erhoben auf Grund eines von der finanzstatistischen Kommission unter Vorsitz des Herrn Stadtrats Dr. Münsterberg-Berlin durchberatenen Fragebogens. Die Ergebnisse wurden vom Herausgeber bereits im Sommer 1902 im 61. Hefte der Vereinsschriften veröffentlicht.

Die Erhebung wurde auch in den folgenden Jahren fortgesetzt mit dem äußeren Erfolge, daß die Zahl der an ihr teilnehmenden Gemeinden in nicht unerheblichem Maße zunahm. Die Bearbeitung aber sollte nicht mehr für jedes einzelne Jahr, sondern in der Zusammenfassung für das ganze anschließende Jahrfünft erfolgen. Es galt also, ein über fünfmal so umfangreiches Material als dasjenige der ersten Erhebung zu einem Gesamtbilde zu vereinigen. Damit waren für die Bearbeitung neue und eigenartige Richtlinien gegeben. Nur das Allgemeine durfte für die einzelnen Jahre berücksichtigt werden, sollte der Stoff nicht zu einem über den Rahmen der Vereinsveröffentlichungen weit hinausgehenden Umfange anschwellen. Die zeitliche Zusammenfassung der Einzelangaben aber erforderte in gleicher Weise wie bei der jährlichen Bearbeitung eine sorgfältige zahlenkritische Behandlung, bei welcher das gleichzeitige Vorliegen der Angaben mehrerer Jahre sich allerdings vielfach recht vorteilhaft erwies. Gleichwohl kann für durchweg absolute Zuverlässigkeit im Sinne der Eignung der Angaben für interlokale Vergleichungen Bürgschaft nicht übernommen werden. Es kann hier nur wiederholt werden, was nach dieser Richtung vom Verfasser im Vorwort seiner Bearbeitung von 1900 bemerkt worden ist. Nicht kann behauptet werden, daß jeder einzelnen Angabe überall eine einheitliche Auffassung zu Grunde liegt, daß die Zahlen von Stadt zu Stadt absolut vergleichbar wären, daß ein hier und da größerer Betrag durchaus bezeichnend wäre für eine an sich reichlichere, über das gesetzlich Notwendige hinausgehende Armenfürsorge. Für derartige Feststellungen reicht eine Statistik bloß der Finanzen überhaupt nicht aus: hierzu bedürfte es der eingehendsten Analyse des Gesamtcharakters der Bevölkerung, ihrer wirtschaftlichen wie sozialen Verhältnisse, der Berufs-, der Einkommensgliederung, andererseits der Berücksichtigung der Preise von Nahrungsmitteln, Wohnungen usw., kurz der besonderen lokalen Eigenart. Und wäre für alles dies der zahlenmäßige Ausdruck wirklich gefunden, dann käme es noch auf die Isolierung des Einflusses gesetzlicher Bestimmungen und gewohnheitsmäßiger Übung an, ferner auf die Leistungen der Stiftungen, zuletzt, aber nicht zum wenigsten, auf das Ausmaß der privaten Wohltätigkeitspflege, von deren statistischer Erfassung wir doch mindestens so weit entfernt sind, wie von ihrer Zentralisierung.

Schon die Einheitlichkeit der Anschreibungen aber ist hier und da selbst bei den Angaben für die einzelnen Jahre zu vermissen, Fälle, welche der Bearbeitung besondere Schwierigkeiten darboten. Als das kleinere Übel wurde dann die Ausscheidung fragwürdiger Positionen gewählt mit der Wirkung, daß der Durchschnittsbildung für die betreffende Einzelangabe eben eine entsprechend geringere Zahl von Jahren zu Grunde gelegt ist. Damit ist denn gegen das Eindringen präsumtiv unrichtiger Angaben Vorsorge getroffen, allerdings auf Kosten der rechnerischen Übereinstimmung bei Zusammenfassung der einzelnen Posten zur Summe. Der Sachverhalt ist dann stets anmerkungsweise bezeichnet. Daß das Vorkommen derartiger Fälle keineswegs vereinzelt ist, erscheint begreiflich angesichts der bei Ausfüllung des Fragebogens zu überwindenden Schwierigkeiten, welche durch die trefflichen Buehl'schen Erläuterungen zwar vermindert sind, jedoch durch keine Vorschrift, und spräche sie mit Engelszungen, völlig beseitigt werden können. Der an die Formen doch lediglich des eigenen Dienstbetriebs und der herkömmlichen Anschreibungen gewöhnte Beamte vermag bei der Ausfüllung nicht immer denjenigen Standpunkt einzunehmen, welcher für die geforderte Behandlung nach den Verhältnissen einer idealen, wohl nur selten in allen Teilen verwirklichten Buchführung schlechterdings notwendig ist. Wesentlich nur nach Maßgabe der Fortschritte, welche die Annäherung der eigenen örtlichen Nachweisungen an die im Fragebogen gegebene standard-Rechnung machen wird — einige bemerkenswerte Ansätze hierzu liegen tatsächlich bereits vor — wird die Zukunft eine Vervollkommnung der im Erhebungsformular erfragten Zahlenangaben selbst zeitigen.

Wie bereits erwähnt, fand für jedes einzelne Jahr nur das Allgemeinere Berücksichtigung. Im übrigen aber werden die Durchschnittsziffern für die jeweils vorliegenden Jahre, in der Mehrheit für das ganze Jahrfünft mitgeteilt, was im Grunde nichts anderes bedeutet, als die Zusammenfassung zu einem über ein Jahr hinausgehenden Beobachtungszeitraum. Zu dem damit entstehenden Verzicht auf die Feststellung der näheren zeitlichen Entwicklung der Einzelangaben aber sah sich die Kommission veranlaßt gegenüber einer ihr allzu reich erscheinenden Zahlenfülle, und berechtigt hierzu hielt sie sich im Hinblick auf die bei den Hauptgruppen tatsächlich erfolgende Berücksichtigung der einzelnen Jahre. Daß bei der Zusammenfassung die Wirkungen einer in dem einen oder dem anderen Jahre abweichenden Anschreibungsweise zurücktreten, wird dabei zu einem Vorzug, zu einem Aktivum gegenüber dem in der Beschränkung der Einzelangaben nur für einen größeren Beobachtungszeitraum etwa zu findenden Passivposten.

Die Zahl der an der vorliegenden Statistik, meist für alle fünf Jahre von 1901 bis 1905, beteiligten Städte von fast durchweg mindestens

25 000 Einwohnern beläuft sich auf nicht weniger als 135 gegenüber 108 im Jahre 1900.

Umstehend (S. 6 bis 9) wird eine Übersicht der beteiligten Städte mit den Bevölkerungszahlen nach den beiden Volkszählungen vom 1. Dezember 1900 und 1905 unter Angabe der inzwischen erfolgten Einverleibungen mitgeteilt.

Die Aufführung der Städte in den nachstehend kurz erläuterten Tabellen geschieht nach einem Beschluß der Kommission in der Folge ihrer Bevölkerungszahl bei der Volkszählung von 1905.

Tabelle I umfaßt die summarischen Beträge der:

1. Kosten der allgemeinen Verwaltung,
2. " " offenen Armenpflege,
3. " " geschlossenen Armenpflege,
4. " " Kinderpflege,
5. Zahlungen an auswärtige Armenverbände,
6. Zuschüsse an nichtstädtische Wohltätigkeitseinrichtungen,
7. Kosten der öffentlichen Armenpflege überhaupt für die einzelnen Jahre.

Angefügt ist bei jeder der sieben Gruppen der für den Durchschnitt der beteiligten Jahre sich ergebende Betrag. Für die in allen fünf Jahren vertretenen Städte ist ferner die Kopfquote auf die mittlere Bevölkerung zwischen den beiden Volkszählungen angegeben — die von diesen begrenzte Periode tritt nur um einen bzw. vier Monate gegen den Beobachtungszeitraum zurück. Wenn sonach hier, wie auch sonst bei vorliegender Bearbeitung von der Berechnung von Kopfquoten für weniger als fünf Jahre umfassende Zeiträume Abstand genommen ist, so geschieht es mit Rücksicht auf die meist bestehende Unsicherheit der Bevölkerungszahlen für andere als Volkszählungstermine.

Bezüglich der allgemeinen kritischen Würdigung der Ziffern kann auf des Verfassers Ausführungen bei der Bearbeitung der Aufnahme von 1900 Bezug genommen werden.

Nur sei in Ansehung der ausschließlich in dieser Tabelle erscheinenden Verwaltungskosten auf das nicht seltene Fehlen einer Angabe bezüglich des Aufwandes für die Diensträume, ihren Mietswert usw. hingewiesen. Ein mindestens anteiliger Betrag dürfte aber selbst bei den kleineren unter den behandelten Gemeinden in Frage kommen. Handelt es sich dabei auch überall um im Rahmen der Gesamtkosten der öffentlichen Armenpflege derart zurücktretende Zahlen, daß die Beanstandung der summarischen Beträge der Verwaltungskosten — und nur sie erscheinen in der Tabelle — um ihretwillen kaum gerechtfertigt wäre, so können sie doch nicht ohne jeden Einfluß geblieben sein. So stellt sich denn die Kopfquote der Verwaltungskosten gerade in einigen dieser Städte bemerkenswert niedrig; in Kaiserslautern nur auf 7, in Aschersleben und in Hohensalza auf 8, in Neunkirchen und in Oppeln auf 9, in Gera auf 10, in Pforzheim auf 12 Pfennig.

Ein erhöhender Einfluß ist dagegen durch die volle Anrechnung des Dezernentengehaltes dort zustande gekommen, wo nur eine anteilige hätte vorgenommen werden dürfen.

Lfde. Nr.	Gemeinde	Bevölkerung am 1. Dezember 1900	Bevölkerung am 1. Dezember 1905	Mittlere Bevölkerung	Bemerkungen bezüglich erfolgter Einverleibungen. Die Zahlen bezeichnen die Bevölkerung der einverleibten Gebiete in Sperrschrift nach der Volkszählung von 1905, bei gewöhnlicher nach derjenigen von 1900.
1	Berlin	1 888 848	2 040 148	1 964 498	
2	Hamburg	705 738	802 793	754 265	
3	München	499 932	538 983	519 457	
4	Dresden	396 146	516 996	456 571	1901: Gruna 3594; 1902: Räcknitz, Seidnitz, Jochertnitz, zus. 3087; 1903: Löblau, Plauen, Cotta, Naußlitz, Zeitz, Micken, Trackau, Kaditz und Übigen, zus. 77 832.
5	Leipzig	456 124	503 672	479 898	
6	Breslau	422 709	470 904	446 806	1904: Dürrgoy, Herdain, Morgenau, Leerbeutel, zus. 3558.
7	Cöln	372 529	428 722	400 625	
8	Frankfurt a. M.	288 989	334 978	311 983	
9	Nürnberg	261 081	294 426	277 753	
10	Düsseldorf	213 711	253 274	233 492	
11	Hannover	235 649	250 024	242 836	
12	Stuttgart	176 699	249 286	212 992	1901: Gaisberg 4764; 1905: Canstatt, Untertürkheim, Wangen, zus. 43 695.
13	Chemnitz	206 913	224 927	215 920	1904: Hilbersdorf 7117.
14	Magdeburg	229 667	240 633	235 150	
15	Charlottenburg	189 305	239 559	214 432	
16	Essen	118 862	231 360	175 111	1901: Altendorf 65 159; 1905: Rüttenscheid 22 008.
17	Stettin	210 702	224 119	217 410	
18	Königsberg i. Pr.	189 483	223 770	206 626	
19	Bremen	163 297	214 861	189 079	1902: Hastedt, Schwenhausen, Walle, Gröpchingen, Woltenershausen, zus. 19 621.
20	Duisburg	92 730	192 346	142 358	1903: Wanheim, Angerhausen, zus. 1455; 1905: Ruhrort, Meiderich, zus. 80 025. Die Statistik bezieht sich nur auf die frühere Stadt Duisburg.
21	Dortmund	142 733	175 577	159 155	
22	Halle a. S.	156 609	169 916	163 262	
23	Altona	161 501	168 320	164 910	
24	Kiel	107 977	163 772	135 874	1901: Gaarden 13 847.
25	Elberfeld	156 966	162 853	159 909	
26	Mannheim	141 131	163 693	152 412	

27	Danzig	140 563	159 648	150 105	1902: Heiligenbrunn, Hochstrieß, Ziganfenberg, zus. 8122.
28	Barmen	141 944	156 080	149 012	
29	Rixdorf	90 422	153 513	121 967	
30	Gelsenkirchen. . . .	36 935	147 005	91 970	1903: Schalke, Heßler, Bismarck, Bulmke, Hüllen, Ueckendorf, zus. 92 246.
31	Aachen	135 245	144 095	139 670	
32	Posen.	117 033	136 808	126 920	
33	Braunschweig . . .	128 226	136 397	132 311	
34	Cassel.	106 034	120 467	113 250	
35	Bochum.	65 551	118 464	92 007	1904: Hamme, Hofstede, Grumme, Wiemelhausen, zus. 39 680.
36	Crefeld	106 893	110 344	108 618	1901: Linn 2191.
37	Plauen i. V. . . .	73 888	105 381	89 634	1903: Verbandsgemeinde Rensa 2582.
38	Wiesbaden	86 111	100 953	93 532	
39	Erfurt	85 202	98 849	92 025	1905: Alt- und Neubaderstedt 1742.
40	Mülhausen i. E. . .	89 118	94 498	91 808	
41	Mülheim a. Ruhr .	38 280	93 599	65 939	1903: Styrum, Broich, Speldorf, Saarn, Holthausen, zus. 42 315. Die Statistik bezieht sich nur auf die frühere Stadtgemeinde Mülheim a. d. Ruhr.
42	Lübeck	82 098	91 541	86 819	1903: Teil der Landgemeinde Vorwerk 890.
43	Mainz	84 251	91 179	87 715	
44	Görlitz	80 931	83 766	82 348	
45	Darmstadt.	72 381	83 123	77 752	
46	Bonn	50 736	81 996	66 366	1904: Poppelsdorf, Kessenich, Endenich, Dottendorf, zus. 24 399.
47	Münster i. W. . . .	63 754	81 468	72 611	1903: Überwasser, Lamberti, Mauritz, etwa 7300.
48	Würzburg	75 499	80 327	77 913	
49	Hagen	50 612	77 567	64 089	1901: Eckesey, Delstern, Eppenhausen und ein Teil von Waldbauer, zus. 16 137.
50	Freiburg i. Br. . .	61 504	74 098	67 801	
51	Ludwigshafen a. Rh.	61 914	72 286	67 100	
52	Bielefeld	63 046	71 796	67 421	
53	Zwickau	55 830	68 502	62 166	1902: Marienthal 6737; 1905: Eckersbach 2000.
54	Königshütte	57 919	66 042	61 980	
55	Remscheid	58 103	64 340	61 221	
56	Frankfurt a. O. . .	61 852	64 304	63 578	
57	Potsdam	59 796	61 414	60 605	
58	Gleiwitz	52 362	61 326	56 844	
59	M.-Gladbach. . . .	58 023	60 709	59 366	
60	Fürth	54 144	60 635	57 389	1901: Dambach mit den Ortschaften Ober- und Unterfürberg, Weickersdorf, zus. 727.
61	Metz	58 462	60 419	59 440	

Lfde. Nr.	Gemeinde	Bevölkerung am 1. Dezember 1900	Bevölkerung am 1. Dezember 1905	Mittlere Bevölkerung	Bemerkungen bezüglich erfolgter Einverleibungen. Die Zahlen bezeichnen die Bevölkerung der einverleibten Gebiete in Sperrschrift nach der Volkszählung von 1905, bei gewöhnlicher nach derjenigen von 1900.
62	Beuthen	51 404	60 076	55 740	
63	Offenbach a. M.	50 468	59 765	55 116	
64	Liegnitz	54 882	59 706	57 294	
65	Pforzheim	43 351	59 389	51 370	1904: Brötzingen 6287.
66	Linden	50 628	57 941	54 284	
67	Elbing	52 518	55 627	54 072	
68	Dessau	50 849	55 134	52 991	
69	Bromberg	52 204	54 231	53 217	
70	Coblenz	45 147	53 897	49 522	1902: Moselweiß 2382.
71	Flensburg	48 922	53 771	51 346	
72	Kaiserslautern	48 310	52 306	50 308	
73	Oberhausen	42 148	52 166	47 157	
74	Brandenburg a. H.	49 250	51 239	50 244	
75	Mülheim a. Rh.	45 062	50 811	47 936	
76	Hildesheim	42 973	47 061	45 017	
77	Gera	45 634	46 909	46 271	1905: Bieblach 521.
78	Cottbus	39 322	46 270	42 796	1904: Sandow, Brunschwig, zus. 46 269.
79	Halberstadt	42 810	45 529	44 169	
80	Recklinghausen	34 019	44 396	39 207	
81	Worms	40 705	43 841	42 273	
82	Schwerin	38 672	41 628	40 150	
83	Colmar i. E.	36 844	41 791	39 317	
84	Rheydt	34 036	40 149	37 092	
85	Heilbronn	37 891	40 004	38 947	
86	Altenburg	37 110	38 818	37 964	
87	Malstatt-Burbach	31 195	38 554	34 874	
88	Hamm	31 371	38 429	34 900	
89	Landsberg a. W.	33 598	36 934	35 266	
90	Gotha	34 651	36 947	35 799	
91	Guben	33 122	36 636	34 879	
92	Hof	32 781	36 417	34 599	
93	Witten	33 517	35 841	34 679	

94	Kattowitz	31 738	35 772	33 755	
95	Eisenach	31 580	35 153	33 366	
96	Bernburg	34 431	34 929	34 680	
97	Zittau	30 921	34 719	32 820	
98	Göttingen	30 234	34 081	32 157	
99	Pirmasens	30 195	33 998	32 096	
100	Forst	32 075	33 752	32 913	
101	Altenessen	28 668	33 416	31 042	
102	Meiderich	33 690	40 822	37 256	Seit 1. Oktober 1905 mit Duisburg vereinigt. Die Statistik aber bezieht sich auch noch für das Geschäftsjahr 1905 auf das Gebiet der früheren Stadt Meiderich.
103	Ratibor	25 250	32 690	28 970	1902: Altendorf, Proschowitz, zus. 5504.
104	Neunkirchen	27 684	32 357	30 020	
105	Thorn	29 635	31 801	30 718	
106	Hanau	29 847	31 637	30 742	
107	Wandsbeck	27 966	31 563	29 764	
108	Neumünster	27 335	31 439	29 387	
109	Stolp i. P.	27 293	31 154	29 223	
110	Weimar	28 489	31 117	29 803	
111	Weißenfels	28 201	30 894	29 547	
112	Freiberg i. S. . . .	30 175	30 860	30 517	
113	Oppeln	30 112	30 765	30 438	
114	Zeitz	27 391	30 568	28 979	
115	Schweidnitz	28 439	30 540	29 489	
116	Nordhausen	28 497	29 883	29 190	
117	Iserlohn	27 265	29 590	28 427	
118	Lüdenscheid	25 509	28 921	27 215	
119	Gießen	25 491	28 769	27 130	
120	Insterburg	27 787	28 902	28 344	
121	Herford	25 109	28 832	26 970	
122	Oldenburg	26 797	28 565	27 681	
123	Hörde	25 126	28 457	26 791	
124	Aschersleben	27 245	27 878	27 561	
125	Stargard i. P. . .	26 858	26 907	26 882	
126	Minden	24 315	25 425	24 870	
127	Reichenbach	24 499	24 948	24 723	
128	Glauchau	25 677	24 596	25 136	
129	Hohensalza	26 141	24 471	25 306	
130	Greifswald	22 950	23 767	23 358	

Tabelle II behandelt die offene Armenpflege. Hier sind die im Durchschnitt der beteiligten Jahre sich ergebenden Aufwendungen für Bar- sowie für Naturalunterstützungen, für die offene Krankenpflege, sowie für die zu einer Gruppe zusammengefaßten Beerdigungs-, Reise-, Transport- und sonstigen Kosten in der gleichen Anordnung der Städte, wie in der vorigen Tabelle nachgewiesen. Die für den Gesamtkostenbetrag der offenen Armenpflege sich ergebenden Kopfquoten derjenigen Städte, für welche verwertbare Angaben von jedem der fünf Jahre vorliegen, sind am Schluß der Tabelle I, Teil 2 aufgeführt.

Bei den Barunterstützungen ist soweit als möglich die Unterscheidung der laufenden und der einmaligen durchgeführt. Bei den Naturalunterstützungen sind besonders berücksichtigt: die Verabreichung von Nahrungsmitteln (unter Hervorhebung der Milch), von Kleidung und Hausrat, sowie von Heizmaterial. In der folgenden Unterabteilung sind die Aufwendungen für Arzneien und für Heilmittel überhaupt angegeben. Nach Maßgabe der vertretenen Jahre abweichende Durchschnittsbildungen sind, worauf bereits oben hingewiesen worden ist, durch Anmerkungen gekennzeichnet, Fälle, welche, wie gleichfalls bereits bemerkt, die kalkulatorische Übereinstimmung der Summe aus den Durchschnitten der Einzelposten mit dem Durchschnitt der Summenbeträge ausschließen. Ein gleiches gilt bezüglich der Tabellen III bis VI.

In Tabelle III wurden die Ausgaben für die geschlossene Armenpflege in der durch das Erhebungsformular bedingten Gliederung mitgeteilt: nach Anstalten für Kranke und Gebrechliche einerseits, nach Armen- und Versorgungsanstalten andererseits. Bei beiden greift die Unterscheidung nach eigenen kommunalen und nach sonstigen Anstalten Platz.

Die früher hervorgehobenen Zweifel über die vollständige Durchführung der Anschreibungen in der von den Erläuterungen zum Erhebungsformular verlangten Art gewinnen, wie hervorzuheben ist, besondere Bedeutung bei den Aufwendungen für die eigenen Krankenanstalten. Die Beschränkung lediglich auf die Verrechnung der tarifmäßigen Verpflegungssätze scheint nicht überall Platz gegriffen zu haben. Ferner erscheint der Ausschluß anderer als Armenkranker nicht durchweg gesichert.

Umstehend wird eine, manches bemerkenswerte darbietende Übersicht über die durchschnittliche Verpflegungsdauer in den kommunalen Krankenanstalten mitgeteilt. Die Ziffern schwanken meist zwischen 25 und 35.

Gemeinde	Die durchschnittliche Dauer der Verpflegung im kommunalen Krankenhause betrug				
	1901	1902	1903	1904	1905
	Tage				
Hamburg	37,1	33,3	32,3	33,2	31,7
Leipzig	37,7	33,6	33,6	34,6	32,2
Breslau	.	.	33,9	32,8	32,4
Cöln	29,4	29,8	29,4	28,2	30,3
Nürnberg	25,5	30,6	.	25,7	26,4

Gemeinde	Die durchschnittliche Dauer der Verpflegung im kommunalen Krankenhause betrug				
	1901	1902	1903	1904	1905
	Tage				
Düsseldorf	23,3	18,6	16,0	25,6	25,2
Hannover	29,7	29,3	29,9	30,5	29,8
Charlottenburg	48,2	40,7	35,2	34,2	32,1
Stettin	.	.	.	25,9	26,0
Bremen	36,3	38,6	38,0	38,1	36,9
Dortmund	47,4	36,4	32,6	27,7	.
Altona	34,0	34,3	30,4	30,8	.
Elberfeld	40,3	31,3	34,2	35,8	39,4
Danzig	30,1	27,6	27,3	29,9	26,5
Barmen	42,0	48,9	45,8	46,0	41,4
Posen	39,8	.	34,8	34,1	36,8
Crefeld	44,7	44,5	45,1	41,2	52,1
Plauen i. V.	32,1	30,0	30,0	29,7	29,4
Wiesbaden	25,7	26,1	29,0	28,5	30,8
Mainz	28,0	25,1	24,7	26,4	26,6
Darmstadt	30,0	28,9	31,6	28,1	31,0
Münster i. W.	52,6	56,8	50,5	47,1	43,6
Ludwigshafen a. Rh.	30,1	.	23,3	28,2	26,6
Bielefeld	.	40,2	48,1	47,2	51,4
Königshütte	23,0	23,2	23,7	31,2	29,9
Remscheid	44,1	49,6	38,5	35,4	28,1
Metz	.	.	.	22,1	23,0
Pforzheim	30,1	.	24,5	28,7	24,3
Linden	27,9	25,7	23,2	20,1	22,1
Elbing	27,0	26,5	.	.	27,6
Hildesheim	36,2	34,5	32,1	25,6	34,2
Cottbus	21,4	24,3	26,5	.	20,3
Worms	28,8	26,7	27,7	30,0	28,2
Schwerin	24,7	27,3	27,9	35,7	35,6
Guben	30,9	28,8	31,0	29,7	30,0
Kattowitz	19,2	18,2	21,3	24,4	29,3
Hanau	34,5	30,2	42,1	38,4	.
Wandsbeck	26,2	31,4	33,4	41,5	32,9
Freiberg i. S.	31,0	29,8	31,7	28,3	30,4
Zeitz	40,6	29,0	31,7	38,4	.
Schweidnitz	29,9	27,0	26,9	31,5	34,7
Greifswald	28,6	28,6	22,9	22,6	25,7

Höhere Beträge dürften vielleicht durch im Krankenhaus mitverpflegte Sieche herbeigeführt sein.

Die Ausgaben für vollständige, sowie für ergänzende Kinderfürsorge sind in Tabelle IV behandelt in der Unterscheidung des Aufwandes für eigene und für fremde Anstalten, sowie für Familienpflege bzw. der Kosten für Unterbringung in Krippen usw., sowie für Gewährung von Schulspeisung und von Bekleidung.

Von den Fällen einer der Vorschrift zuwiderlaufenden Ausfüllung sei besonders die Verrechnung der Kosten für Familienpflege der Kinder bei den

Barunterstützungen der offenen Armenpflege genannt. Vereinzelt waren die Kosten für in auswärtiger Familienpflege untergebrachten Kinder bei den Erstattungen an andere Armenverbände aufgeführt, die anscheinend nur vermittelnd, nicht aber in eigentlich armenpflegerischer Eigenschaft tätig waren.

Für die bei den Hauptgruppen der offenen Armenpflege im Durchschnitt der fünf Jahre aufgekommenen Kosten sind in Tabelle V die Kopfquoten in bezug auf die mittlere Bevölkerung mitgeteilt, wobei nur die in jedem Jahre mit einwandfreien Angaben vertretenen Städte Berücksichtigung fanden.

Endlich ist die Art der Deckung der Gesamtkosten der öffentlichen Armenpflege in Tabelle VI behandelt. Unterschieden sind die Einnahmen aus dem Vermögen usw., aus den Zuschüssen der Staats- und der größeren korporativen Verbände, aus den verschiedenen Arten von Erstattungen (von Armenverbänden, Krankenkassen, vom Unterstützten selbst usw.), ferner aus Steuern, Strafgeldern usw., endlich aus sonstigen Einnahmen. Die vorletzte Spalte enthält unter dem Rubrum des städtischen Zuschusses die außerdem zur Balanzierung der Ausgaben erforderlichen Beträge. Die Aufstellung umfaßt die Gemeinden, für welche alle Einnahme- und Ausgabepositionen für die fünf Jahre oder doch für die gleichen bei weniger als fünf Jahren vorliegen. Die Fälle letzterer Art sind durch Anmerkungen gekennzeichnet.

Tabelle I.

Die Hauptgruppen der Ausgaben 1901 bis 1905.

1. Allgemeine Verwaltungskosten.

Gemeinde	1901	1902	1903	1904	1905	1901 bis 1905 zusammen	1901 bis 1905 durchschnittlich jährlich absolut	1901 bis 1905 durchschnittlich jährlich pro Kopf der mittleren Bevölkerung
	M	M	M	M	M	M	M	M
Berlin	.	.	.	.	.	.	.	.
Hamburg . . .	284 228	283 070	283 793	298 727	306 913	1 456 731	291 346	0,39
München . . .	.	.	.	.	.	.	.	.
Dresden . . .	136 256	162 761	209 122	210 554	218 872	937 565	187 513	0,41
Leipzig	189 862	222 878	236 928	253 730	255 063	1 158 461	231 692	0,48
Breslau . . .	181 896	206 223	215 658	254 617	255 154	1 113 548	222 710	0,50
Cöln	134 697	145 571	151 360	162 342	164 544	758 514	151 703	0,38
Frankfurt a. M.	.	174 909	165 191	.	.	[5] 340 100	[5] 170 050	.
Nürnberg . . .	25 866	28 918	.	32 575	36 942	[23] 124 301	[23] 31 075	.
Düsseldorf . .	49 503	50 759	65 378	68 882	78 938	313 460	62 692	0,27
Hannover. . .	81 678	83 642	88 026	93 904	96 295	443 545	88 709	0,37
Stuttgart. . .	66 476	66 104	66 954	69 079	86 148	354 761	70 952	0,33
Chemnitz . . .	.	.	13 176	13 599	13 440	[20] 40 215	[20] 13 405	.
Magdeburg . .	61 554	63 594	63 436	65 509	66 536	320 629	64 126	0,27
Charlottenburg	.	.	.	.	.	.	.	.
Essen.	34 281	59 103	63 666	52 585	52 689	262 324	52 465	0,30
Stettin. . . .	.	.	.	.	.	.	.	.
Königsberg i. Pr.	40 135	40 536	42 174	.	.	[11] 122 845	[11] 40 948	.
Bremen . . .	57 539	66 124	69 234	72 052	83 680	348 629	69 726	0,37
Duisburg. . .	10 540	12 496	19 827	20 910	27 209	90 982	18 196	0,13
Dortmund . .	31 691	39 147	28 929	28 484	32 271	160 522	32 104	0,20
Halle a. S. . .	57 023	71 655	74 595	74 253	76 693	354 219	70 844	0,43
Altona	25 554	28 425	29 591	31 010	32 662	147 242	29 448	0,18
Kiel	33 790	39 155	40 255	43 309	50 233	206 742	41 348	0,30
Elberfeld . . .	31 271	33 269	38 855	41 507	42 298	187 200	37 440	0,23
Mannheim . .	.	.	.	.	92 254	[30] 92 254	[30] 92 254	.
Danzig	79 777	80 170	82 962	88 903	89 872	421 684	84 337	0,56
Barmen . . .	18 539	22 425	22 877	21 336	23 131	108 308	21 662	0,15
Rixdorf. . . .	.	.	35 126	40 109	48 169	123 404	41 135	.
Gelsenkirchen .	.	.	.	.	.	.	.	.
Aachen	.	.	.	.	63 209	[30] 63 209	[20] 63 209	.
Posen	.	.	.	.	.	.	.	.
Braunschweig .	.	.	.	46 026	.	[29] 46 026	[29] 46 026	.
Cassel	46 093	48 574	50 558	50 779	53 720	249 724	49 945	0,44
Bochum . . .	.	15 721	16 929	17 810	22 096	[25] 72 556	[25] 18 139	.
Crefeld	25 523	26 387	26 150	25 780	26 792	130 632	26 126	0,24
Plauen i. V. .	12 540	14 680	14 896	15 738	20 457	78 311	15 662	0,17
Wiesbaden . .	26 267	30 987	33 548	34 220	36 359	161 381	32 276	0,35
Erfurt	16 969	20 648	21 160	21 897	24 106	104 780	20 956	0,23
Mülhausen i. E.	13 399	15 141	16 146	24 024	26 132	94 842	18 968	0,21

Noch 1. Allgemeine

Lfde. Nr.	Gemeinde	1901	1902	1903	1904	1905	1901 bis 1905 zusammen	1901 bis 1905 durchschnittlich jährlich absolut	1901 bis 1905 durchschnittlich jährlich pro Kopf der mittleren Bevölkerung
		ℳ	ℳ	ℳ	ℳ	ℳ	ℳ	ℳ	ℳ
41	Mülheim (Ruhr)	8 000	8 800	6 408	13 684	14 328	51 220	10 244	0,16
42	Lübeck	23 816	25 239	23 456	24 127	27 557	124 195	24 839	0,29
43	Mainz	29 924	32 900	33 821	35 072	35 843	167 560	33 512	0,38
44	Görlitz	13 781	15 961	15 083	15 296	15 926	76 047	15 209	0,18
45	Darmstadt . .	22 810	23 566	25 318	30 007	34 967	136 668	27 334	0,35
46	Bonn	20 475	23 995	24 235	27 646	28 803	125 154	25 031	0,38
47	Münster i. W.	27 504	27 779	28 735	29 699	30 832	144 549	28 910	0,40
48	Würzburg . .	8 742	8 896	9 074	10 239	10 327	47 278	9 456	0,12
49	Hagen	12 141	14 992	15 708	16 070	18 879	77 790	15 558	0,24
50	Freiburg i. Br.	15 126	16 826	19 583	20 567	22 919	95 021	19 004	0,28
51	Ludwigshafen am Rhein. .	13 167	13 719	13 669	15 609	25 420	81 584	16 317	0,24
52	Bielefeld . . .	.	20 648	15 776	12 191	12 726	[25] 61 341	[25] 15 335	.
53	Zwickau . . .	.	14 600	14 687	13 896	16 067	[25] 59 250	[25] 14 812	.
54	Königshütte. .	7 637	8 370	8 070	9 012	10 238	43 327	8 665	0,14
55	Remscheid. . .	11 510	11 838	14 216	19 006	19 413	75 983	15 197	0,25
56	Frankfurt a. O.	11 106	10 439	13 188	13 168	12 087	59 988	11 998	0,19
57	Potsdam . . .	10 613	16 103	19 133	19 516	20 921	86 286	17 257	0,28
58	Gleiwitz . . .	.	.	7 196	7 096	7 182	[20] 21 474	[20] 7 158	.
59	M.-Gladbach .	.	.	.	.	.	.	.	.
60	Fürth	.	.	.	.	.	.	.	.
61	Metz	.	12 539	14 920	15 809	23 776	67 044	16 761	.
62	Beuthen . . .	.	.	.	.	.	.	.	.
63	Offenbach a. M.	17 673	20 462	23 509	25 291	26 035	112 970	22 594	0,41
64	Liegnitz . . .	.	.	.	.	.	.	.	.
65	Pforzheim . .	4 211	4 057	6 453	7 053	8 251	30 025	6 005	0,12
66	Linden	.	.	.	.	.	.	.	.
67	Elbing	.	10 839	10 543	10 715	12 342	44 439	11 110	.
68	Dessau	14 424	15 436	16 482	17 262	16 541	80 145	16 029	0,30
69	Bromberg . .	.	.	.	.	.	.	.	.
70	Coblenz . . .	10 663	16 265	16 626	17 983	19 017	80 554	16 111	0,33
71	Flensburg . .	.	.	12 910	13 723	12 492	[20] 39 125	[20] 13 042	.
72	Kaiserslautern	2 885	2 850	2 877	4 052	4 652	17 316	3 463	0,07
73	Oberhausen . .	9 628	9 604	.	9 447	16 621	[23] 45 300	[23] 11 325	.
74	Brandenburg a. d. Havel .	9 801	10 956	11 886	11 960	11 813	56 416	11 283	0,22
75	Mülheim a. Rhein . .	6 368	7 101	7 817	8 614	10 734	40 634	8 127	0,17
76	Hildesheim . .	17 875	16 547	17 174	18 211	17 566	87 373	17 475	0,39
77	Gera	4 542	4 609	4 462	4 780	4 751	23 144	4 629	0,10
78	Kottbus . . .	7 895	7 900	10 950	6 887	7 094	40 726	8 145	0,19
79	Halberstadt . .	12 101	13 379	13 593	13 744	13 684	66 501	13 300	0,30
80	Recklinghausen	4 574	4 740	5 070	8 883	10 905	34 172	6 834	0,17
81	Worms. . . .	7 665	9 393	10 817	10 971	11 257	50 103	10 021	0,24
82	Schwerin . . .	11 681	12 326	12 793	12 867	13 546	63 213	12 643	0,31
83	Colmar i. E. .	10 108	10 323	10 381	10 912	11 279	53 003	10 601	0,27
84	Rheydt	5 750	6 450	7 010	7 060	7 168	33 438	6 688	0,18
85	Heilbronn. . .	.	.	.	.	.	.	.	.

Verwaltungskosten.

Lfde. Nr.	Gemeinde	1901 ℳ	1902 ℳ	1903 ℳ	1904 ℳ	1905 ℳ	1901 bis 1905 zusammen ℳ	durchschnittlich jährlich absolut ℳ	pro Kopf der mittleren Bevölkerung ℳ
86	Altenburg . .	.	9 822	8 149	7 779	7 676	[25] 33 426	[25] 8 356	.
87	Malstatt-Burbach . .	1 973	1 969	.	1 977	1 970	[23] 7 889	[23] 1 972	.
88	Hamm . . .	4 764	7 647	6 017	6 861	8 845	34 134	6 827	0,20
89	Landsberg a. d. W. .	6 914	6 638	6 499	6 759	6 725	33 535	6 707	0,19
90	Gotha . . .	8 130	8 730	9 130	.	9 152	[22] 35 142	[22] 8 785	.
91	Guben . . .	3 145	3 145	3 620	3 620	3 620	17 150	3 430	0,10
92	Hof	.	.	.	.	.	.	.	.
93	Witten . . .	7 360	8 204	8 333	7 944	7 042	38 883	7 777	0,22
94	Kattowitz . .	6 092	7 923	8 618	.	.	[11] 22 633	[11] 7 544	.
95	Eisenach . .	.	.	.	.	.	.	.	.
96	Bernburg . .	5 459	5 061	4 992	5 048	5 008	25 568	5 114	0,15
97	Zittau . . .	4 064	4 041	4 841	4 923	5 096	22 965	4 593	0,14
98	Göttingen . .	2 700	2 800	2 800	2 800	10 830	21 930	4 386	0,14
99	Pirmasens .	.	.	.	.	.	.	.	.
100	Forst	.	.	.	8 835	8 918	[10] 17 753	[10] 8 876	.
101	Altenessen .	7 365	8 029	8 683	7 792	8 685	40 554	8 111	0,26
102	Meiderich . .	4 616	5 009	5 368	5 930	6 498	27 421	5 484	0,15
103	Ratibor . . .	5 280	5 280	5 280	5 280	5 280	26 400	5 280	0,18
104	Neunkirchen .	2 505	2 514	3 006	3 004	3 038	14 067	2 813	0,09
105	Thorn . . .	.	.	15 277	15 401	16 445	[20] 47 123	[20] 15 708	.
106	Hanau . . .	16 042	15 844	17 485	19 109	19 843	88 323	17 665	0,57
107	Wandsbeck . .	4 149	4 532	4 792	5 216	5 631	24 320	4 864	0,16
108	Neumünster .	8 153	9 019	8 608	.	.	[11] 25 780	[11] 8 593	.
109	Stolp i. P. .	6 995	6 576	6 590	6 773	7 166	34 100	6 820	0,23
110	Weimar . . .	2 126	1 403	1 377	1 387	1 593	7 886	1 577	0,05
111	Weißenfels .	1 706	1 714	1 739	1 750	1 706	8 615	1 723	0,06
112	Freiberg i. S.	.	.	6 517	6 516	5 999	[20] 19 032	[20] 6 344	.
113	Oppeln . . .	1 857	1 800	2 720	2 550	4 220	13 147	2 629	0,09
114	Zeitz	.	.	7 640	7 955	.	[8] 15 595	[8] 7 797	.
115	Schweidnitz .	.	.	.	.	.	.	.	.
116	Nordhausen .	5 084	5 193	5 272	5 505	5 606	26 660	5 332	0,18
117	Iserlohn . .	3 297	3 689	.	.	.	[1] 6 986	[1] 3 493	.
118	Lüdenscheid .	.	.	.	.	.	.	.	.
119	Gießen . . .	.	.	.	.	.	.	.	.
120	Insterburg .	3 845	3 845	3 845	5 190	5 230	21 955	4 391	0,15
121	Herford . . .	5 812	.	.	.	.	[26] 5 812	[26] 5 812	.
122	Oldenburg .	4 685	4 951	4 704	4 579	4 639	23 558	4 712	0,17
123	Hörde . . .	.	.	.	.	.	.	.	.
124	Aschersleben .	2 080	2 256	2 112	2 217	2 248	10 913	2 183	0,08
125	Stargard i. P.	.	.	.	.	.	.	.	.
126	Minden . . .	.	3 072	7 126	.	.	[5] 10 198	[5] 5 099	.
127	Reichenbach .	6 543	6 747	6 600	6 650	6 650	33 190	6 638	0,27
128	Glauchau . .	2 816	2 657	3 573	3 463	.	[21] 12 509	[21] 3 127	.
129	Hohensalza .	2 813	1 776	1 794	2 115	2 092	10 590	2 118	0,08
130	Greifswald .	9 001	9 350	9 675	10 021	10 524	48 571	9 714	0,42

2. Offene

Lfde. Nr.	Gemeinde	1901 ℳ	1902 ℳ	1903 ℳ	1904 ℳ	1905 ℳ	1901 bis 1905 zusammen ℳ	1901 bis 1905 durchschnittlich jährlich absolut ℳ	1901 bis 1905 durchschnittlich jährlich pro Kopf der mittleren Bevölkerung ℳ
1	Berlin	8407740	9066896	9335358	9339733	9455601	45 605 328	9 121 066	4,64
2	Hamburg . . .	2268560	2352820	2364954	2340917	2314096	11 641 347	2 328 269	3,09
3	München . . .	814226	841157	.	.	.	[13] 1 655 383	[13] 827 691	.
4	Dresden . . .	872352	959059	979268	935093	904486	4 650 258	930 052	2,04
5	Leipzig	798886	868732	854844	859955	875172	4 257 589	851 518	1,77
6	Breslau . . .	730506	784810	810289	858960	900687	4 085 252	817 050	1,83
7	Cöln	571713	617851	617777	609800	588699	3 005 840	601 168	1,50
8	Frankfurt a. M.	.	583939	646752	.	.	[5] 1 230 691	[5] 615 345	.
9	Nürnberg . . .	512877	595356	.	624011	609313	[23] 2 341 557	[23] 585 389	.
10	Düsseldorf . .	423552	442605	477303	483579	528041	2 355 080	471 016	2,02
11	Hannover . . .	196223	204069	198662	197751	193508	990 213	198 043	0,82
12	Stuttgart . .	186036	199008	193120	193336	215840	987 340	197 468	0,93
13	Chemnitz . . .	.	.	211798	219683	226988	[20] 658 469	[20] 219 489	.
14	Magdeburg . .	336493	357030	358979	362529	386411	1 801 442	360 288	1,53
15	Charlottenburg	470303	544002	519284	552394	609454	2 695 437	539 087	2,51
16	Essen.	263962	354378	341866	351452	409750	1 721 408	344 282	1,97
17	Stettin . . .	.	.	.	352693	363764	[10] 716 457	[10] 358 228	.
18	Königsberg i. Preußen .	292387	303245	311174	309488	359830	1 576 124	315 225	1,53
19	Bremen . . .	295658	342647	370621	396052	384845	1 789 823	357 965	1,89
20	Duisburg . .	173695	176418	189503	189010	200218	928 844	185 769	1,30
21	Dortmund . .	123085	147344	165359	178475	194582	808 845	161 769	1,02
22	Halle a. S. . .	302712	315575	296168	297709	308841	1 521 005	304 201	1,86
23	Altona	176498	186699	189539	182452	187949	923 137	184 627	1,12
24	Kiel	215594	244999	277392	307406	331842	1 377 233	275 447	2,03
25	Elberfeld . . .	279485	268019	259576	261958	267070	1 336 108	267 222	1,67
26	Mannheim . .	221993	293267	292715	300995	295553	1 404 523	280 905	1,84
27	Danzig	248823	276736	285402	281667	285206	1 377 834	275 567	1,84
28	Barmen . . .	158841	159971	157547	164543	171590	812 492	162 498	1,09
29	Rixdorf. . . .	92937	116259	94324	94313	111866	509 699	101 940	0,84
30	Gelsenkirchen .	28121	31344	101558	109775	128231	399 029	79 806	0,87
31	Aachen	.	.	313219	.	287508	[9] 600 727	[9] 300 363	.
32	Posen	224837	228132	239222	250529	275770	1 218 490	243 698	1,92
33	Braunschweig .	.	.	.	.	.	.	.	.
34	Cassel	126197	139733	139047	138886	140471	684 334	136 867	1,21
35	Bochum . . .	124895	130364	139648	134916	174909	684 732	136 946	1,49
36	Crefeld	261741	272956	265764	266892	246195	1 313 548	262 710	2,42
37	Plauen i. V. .	32257	35291	35754	39050	49288	191 640	38 328	0,43
38	Wiesbaden . .	124472	128155	126127	122293	125651	626 698	125 340	1,34
39	Erfurt	105894	114020	117505	105077	106195	548 691	109 738	1,19
40	Mülhausen i. E.	93351	116452	133821	129818	130545	603 987	120 797	1,32
41	Mülheim (Ruhr)	49334	63222	71905	124031	127400	435 892	87 178	1,32
42	Lübeck	54306	59759	62824	60464	57327	294 680	58 936	0,68
43	Mainz	94001	96297	95316	95908	102800	484 322	96 864	1,10
44	Görlitz	131041	136337	.	134708	128438	[23] 530 524	[23] 132 631	.

Armenpflege.

Lfde. Nr.	Gemeinde	1901 ℳ	1902 ℳ	1903 ℳ	1904 ℳ	1905 ℳ	1901 bis 1905 zusammen ℳ	1901 bis 1905 durchschnittlich jährlich absolut ℳ	1901 bis 1905 durchschnittlich jährlich pro Kopf der mittleren Bevölkerung ℳ
45	Darmstadt . .	128 784	134 165	142 871	145 455	148 701	699 976	139 995	1,80
46	Bonn. . . .	126 491	135 213	136 137	199 612	196 239	793 692	158 738	2 39
47	Münster i. W.	101 297	93 153	107 630	114 835	111 123	528 038	105 608	1,45
48	Würzburg . .	143 095	133 438	124 416	119 440	113 968	634 357	126 871	1,63
49	Hagen . . .	158 434	169 463	158 145	161 883	162 066	809 991	161 998	2,53
50	Freiburg i. Br.	60 990	71 522	63 710	63 331	56 320	315 873	63 175	0,93
51	Ludwigshafen a. Rhein .	65 445	92 166	102 528	106 830	126 932	493 901	98 780	1,47
52	Bielefeld . .	.	65 920	60 877	60 022	58 898	[25] 245 717	[25] 61 429	.
53	Zwickau . . .	.	60 970	65 285	65 371	66 828	[25] 258 454	[25] 64 613	.
54	Königshütte .	54 036	57 457	62 321	64 799	74 561	313 174	62 635	1,01
55	Remscheid . .	76 637	73 743	65 332	70 937	73 878	360 527	72 105	1,18
56	Frankfurt a. Oder . .	61 039	63 098	64 842	67 013	63 655	319 647	63 929	1,01
57	Potsdam . .	84 131	89 154	89 784	89 888	90 566	443 523	88 705	1,46
58	Gleiwitz . .	.	.	68 817	73 280	78 255	[20] 220 352	[20] 73 451	.
59	M.-Gladbach .	134 617	134 219	123 087	121 199	124 514	637 636	127 527	2,15
60	Fürth. . . .	109 276	119 879	.	.	.	[1] 229 155	[1] 114 577	.
61	Metz	72 219	85 545	84 915	88 118	73 585	404 382	80 876	1,36
62	Beuthen . .	38 547	46 004	45 691	46 926	47 952	225 120	45 024	0,81
63	Offenbach a. Main .	90 914	107 237	115 347	113 076	117 740	544 314	108 863	1,98
64	Liegnitz . . .	50 115	49 773	58 150	54 658	54 735	267 431	53 486	0,93
65	Pforzheim . .	48 432	.	55 052	54 122	51 160	[24] 208 766	[24] 52 191	.
66	Linden . . .	78 926	76 154	75 848	71 746	67 839	370 513	74 103	1,37
67	Elbing . . .	80 460	82 530	80 791	79 307	80 975	404 063	80 813	1,49
68	Dessau . . .	100 606	96 616	87 162	89 625	84 080	458 089	91 618	1,73
69	Bromberg . .	79 878	85 659	90 731	90 595	95 970	442 833	88 567	1,66
70	Coblenz . . .	75 426	76 185	73 110	82 184	89 360	396 265	79 253	1,60
71	Flensburg. .	.	.	88 642	93 772	92 414	[20] 274 828	[20] 91 609	.
72	Kaiserslautern	37 939	45 973	57 669	53 051	57 065	251 697	50 339	1,00
73	Oberhausen .	59 831	63 202	54 480	57 156	60 230	294 899	58 980	1,25
74	Brandenburg a. d. Havel	24 638	25 261	25 322	26 314	26 384	127 919	25 584	0,51
75	Mülheim a. Rhein .	73 975	81 906	81 934	79 607	70 166	387 588	77 517	1,62
76	Hildesheim .	29 688	31 751	29 508	28 680	30 304	149 931	29 986	0,67
77	Gera	37 057	38 359	43 142	50 072	51 771	220 401	44 080	0,95
78	Cottbus. . .	60 062	68 423	59 473	60 564	71 047	319 569	63 914	1,49
79	Halberstadt .	81 760	87 429	86 763	90 343	92 763	439 058	87 811	1,99
80	Recklinghausen	48 142	49 737	64 915	57 141	57 684	277 619	55 524	1,42
81	Worms . . .	50 564	73 704	84 650	66 696	51 557	327 171	65 434	1,55
82	Schwerin . .	67 938	75 145	75 112	74 803	78 488	371 486	74 297	1,85
83	Colmar i. E.	71 965	68 031	74 732	75 210	82 212	372 150	74 430	1,89
84	Rheydt . . .	68 000	75 150	96 650	72 237	71 326	383 363	76 673	2,07
85	Heilbronn . .	29 299	31 070	33 522	38 317	35 842	168 050	33 610	0,86
86	Altenburg . .	.	17 390	22 236	22 814	21 520	[25] 83 960	[25] 20 990	.

Noch 2. Offene Armenpflege.

Lfde Nr.	Gemeinde	1901 ℳ	1902 ℳ	1903 ℳ	1904 ℳ	1905 ℳ	1901 bis 1905 zusammen ℳ	1901 bis 1905 durchschnittlich jährlich absolut ℳ	1901 bis 1905 durchschnittlich jährlich pro Kopf der mittleren Bevölkerung ℳ
87	Malstatt-Burbach . . .	32 538	35 584	.	42 561	43 771	[23] 154 454	[23] 38 613	.
88	Hamm . . .	15 817	19 517	17 825	19 106	18 246	90 511	18 102	0,52
89	Landsberg a. d. Warthe	35 357	35 717	37 243	39 135	37 635	185 087	37 017	1,05
90	Gotha . . .	50 430	53 015	49 969	.	50 766	[22] 204 180	[22] 51 045	.
91	Guben . . .	26 694	28 694	28 314	27 456	24 213	135 371	27 074	0,78
92	Hof	29 654	30 241	30 414	28 526	27 869	146 704	29 341	0,85
93	Witten . . .	23 190	24 530	27 089	29 620	35 122	139 551	27 910	0,80
94	Kattowitz . .	35 902	36 144	41 864	.	.	[11] 113 910	[11] 37 970	.
95	Eisenach . .	32 675	30 597	31 180	29 966	30 962	155 380	31 076	0,93
96	Bernburg . .	55 330	56 622	56 781	53 118	53 460	275 311	55 062	1,59
97	Zittau . . .	28 545	30 763	30 434	29 688	31 501	150 931	30 186	0,92
98	Göttingen . .	41 400	36 700	40 400	45 300	49 334	213 134	42 627	1,33
99	Pirmasens .	.	.	.	.	.	.	.	.
100	Forst	38 111	36 653	36 151	35 215	37 332	183 462	36 692	1,11
101	Altenessen . .	33 193	33 123	34 657	34 328	37 855	173 156	34 631	1,12
102	Meiderich . .	42 571	42 899	39 851	47 665	53 273	226 259	45 252	1,21
103	Ratibor . . .	43 890	49 801	43 793	48 785	46 489	232 758	46 552	1,61
104	Neunkirchen .	46 042	49 420	54 864	50 507	50 962	251 795	50 359	1,68
105	Thorn . . .	41 896	.	36 255	36 394	33 967	[24] 148 512	[24] 37 128	.
106	Hanau . . .	37 758	46 822	50 569	56 298	59 631	251 078	50 216	1,63
107	Wandsbeck. .	29 993	32 647	32 306	28 381	31 211	154 538	30 908	1,04
108	Neumünster .	48 201	44 700	34 462	27 185	24 525	179 073	35 815	1,22
109	Stolp i. P. .	56 717	53 968	58 352	57 403	60 294	286 734	57 347	1,96
110	Weimar . .	12 808	12 776	13 741	13 055	13 140	65 520	13 104	0,44
111	Weißenfels .	26 379	21 554	19 865	17 993	16 482	102 273	20 455	0,69
112	Freiberg i. S.	26 233	26 933	25 466	24 020	25 177	127 829	25 566	0,84
113	Oppeln . . .	.	.	.	.	.	.	.	.
114	Zeitz	30 191	32 901	38 267	35 041	32 599	168 999	33 800	1,17
115	Schweidnitz .	.	.	.	.	.	.	.	.
116	Nordhausen .	38 668	38 814	42 772	41 595	42 678	204 527	40 905	1,40
117	Iserlohn . .	37 713	36 579	.	.	.	[1] 74 292	[1] 37 146	.
118	Lüdenscheid .	.	41 062	39 871	43 680	41 920	[25] 166 533	[25] 41 633	.
119	Gießen . . .	.	38 913	37 248	33 542	34 980	[25] 144 683	[25] 36 171	.
120	Insterburg .	28 239	29 343	34 569	33 935	35 185	161 271	32 254	1,14
121	Herford . . .	13 301	.	16 717	.	.	[2] 30 018	[2] 15 009	.
122	Oldenburg .	14 066	15 004	12 156	12 800	14 039	68 065	13 613	0,49
123	Hörde. . . .	.	12 853	13 593	.	.	[5] 26 446	[5] 13 223	.
124	Aschersleben .	32 806	36 079	40 327	41 582	.	150 794	37 668	.
125	Stargard i. P.	23 979	26 557	27 439	26 463	25 852	130 290	26 058	0,97
126	Minden . . .	.	40 208	42 843	.	.	[5] 83 051	[5] 41 525	.
127	Reichenbach .	22 098	20 626	20 756	21 535	22 780	107 795	21 559	0,87
128	Glauchau . .	21 091	25 289	25 722	23 382	.	[21] 95 484	[21] 23 871	.
129	Hohensalza .	37 735	37 989	34 256	32 287	34 549	176 816	35 363	1,40
130	Greifswald .	34 951	37 198	34 627	36 656	36 126	179 558	35 912	1,54

3. Geschlossene Armenpflege.

Lfde. Nr.	Gemeinde	1901	1902	1903	1904	1905	1901 bis 1905 zusammen	1901 bis 1905 durchschnittlich jährlich absolut	pro Kopf der mittleren Bevölkerung
		ℳ	ℳ	ℳ	ℳ	ℳ	ℳ	ℳ	ℳ
1	Berlin	.	.	.	.	.	.	.	.
2	Hamburg	1988139	2102325	2032054	2061995	2065453	10249966	2049993	2,72
3	München	728764	737071	.	.	.	[1] 1465835	[1] 732917	.
4	Dresden	698691	749902	852261	840884	812515	3954253	790851	1,73
5	Leipzig	622935	909837	1032761	1099817	1121564	4786914	957383	1,99
6	Breslau	801973	917071	963749	996160	1059439	4738392	947678	2,12
7	Cöln	976949	1059436	1071770	1171117	1224630	5503902	1100780	2,75
8	Frankfurt a. M.	.	797021	850713	.	.	[5] 1647734	[5] 823867	.
9	Nürnberg	246119	260396		289314	296270	1092099	273025	.
10	Düsseldorf	474045	493944	482374	494380	508793	2453536	490707	2,10
11	Hannover	349913	423976	415940	408043	407179	2005051	401010	1,65
12	Stuttgart	347901	316544	325692	329983	373963	1694083	338817	1,59
13	Chemnitz	.	.	238793	247457	272216	[20] 758466	[20] 252822	.
14	Magdeburg	.	.	.	.	.	.	.	.
15	Charlottenburg	277841	289495	289490	353331	400968	1611125	322225	1,50
16	Essen	206654	300613	286868	310147	284303	1388585	277717	1,59
17	Stettin	.	.	.	811242	796830	[10] 1608072	[10] 804036	.
18	Königsberg i. Preußen	.	.	.	.	.	.	.	.
19	Bremen	405255	459265	505058	531601	541932	2443111	488622	2,58
20	Duisburg	91801	98032	99959	111228	107722	508742	101748	0,71
21	Dortmund	117636	123128	126991	130882	155486	654123	130825	0,82
22	Halle a. S.	219183	257339	238251	233027	229544	1177344	235469	1,44
23	Altona	216573	282174	264105	250935	261420	1275207	255041	1,55
24	Kiel	212026	249159	258339	303724	380512	1403760	280752	2,07
25	Elberfeld	261178	261842	269242	298713	296756	1387731	277546	1,74
26	Mannheim	.	203280	220273	207590	212931	844074	211018	1,38
27	Danzig	.	.	.	.	.	.	.	.
28	Barmen	182764	199125	197320	213085	218522	1010816	202163	1,36
29	Rixdorf	87807	118600	134600	147568	163226	651801	130360	1,07
30	Gelsenkirchen	.	.	.	.	.	.	.	.
31	Aachen	.	.	.	.	435253	[30] 435253	[30] 435253	.
32	Posen	160511	165507	172421	171000	183183	852622	170524	1,34
33	Braunschweig	.	.	.	.	.	.	.	.
34	Cassel	102888	99281	105305	103128	112726	523328	104666	0,92
35	Bochum	104456	97572	105483	109839	137902	555252	111050	1,21
36	Crefeld	148609	153165	151870	150974	166516	771134	154227	1,42
37	Plauen i. V.	66019	68937	87591	81916	89856	394319	78864	0,88
38	Wiesbaden	125759	127275	138651	136818	131491	659994	131999	1,41
39	Erfurt	.	118935	124491	127780	126651	497857	124464	.
40	Mülhausen i. E.	.	.	.	524379	561467	1085846	542923	.
41	Mülheim (Ruhr)	72817	73279	77696	121483	117687	462962	92592	1,40
42	Lübeck	117583	131097	129019	134673	136020	648392	129678	1,49
43	Mainz	.	.	.	.	.	.	.	.
44	Görlitz	.	.	.	.	.	.	.	.

Noch 3. Geschlossene

Lfde. Nr.	Gemeinde	1901	1902	1903	1904	1905	1901 bis 1905		
							zusammen	durchschnittlich jährlich	
								absolut	pro Kopf der mittleren Bevölkerung
		ℳ	ℳ	ℳ	ℳ	ℳ	ℳ	ℳ	ℳ
45	Darmstadt . .	.	.	.	.	.	.	.	.
46	Bonn	125 115	136 165	142 988	187 124	191 965	783 357	156 671	2,36
47	Münster i. W.	144 063	158 440	187 654	224 577	226 423	941 157	188 231	2,59
48	Würzburg. . .	39 811	42 873	44 364	44 701	45 691	217 440	43 488	0,56
49	Hagen	95 512	121 045	122 219	117 222	109 776	565 774	113 155	1,77
50	Freiburg i. Br.	60 574	68 432	67 670	62 826	65 368	324 870	64 974	0,96
51	Ludwigshafen a. Rhein . .	5 806	7 492	6 950	10 243	10 896	41 387	8 277	0,12
52	Bielefeld . . .	.	.	69 876	73 190	69 637	[20] 212 703	[20] 70 901	.
53	Zwickau . . .	.	47 430	58 317	62 264	59 573	227 584	56 896	.
54	Königshütte. .	28 264	35 549	41 720	52 879	72 477	230 889	46 178	0,75
55	Remscheid. . .	70 274	80 767	71 755	70 548	68 117	361 461	72 292	1,18
56	Frankfurt a. Oder . .	.	.	.	.	.	.	.	.
57	Potsdam . . .	104 106	107 262	105 843	116 127	113 534	546 872	109 374	1,80
58	Gleiwitz . . .	.	.	30 588	35 215	35 634	[20] 101 437	[20] 33 812	0,59
59	M.-Gladbach .	92 369	83 018	93 788	91 346	71 550	432 071	86 414	1,46
60	Fürth	50 650	.	.	.	.	[26] 50 650	[26] 50 650	.
61	Metz	.	.	.	.	.	.	.	.
62	Beuthen . . .	24 823	32 847	36 746	40 976	43 672	179 064	35 813	0,64
63	Offenbach a. Main . .	.	.	.	.	.	.	.	.
64	Liegnitz. . . .	34 535	32 842	38 272	39 614	40 753	186 016	37 203	0,65
65	Pforzheim . .	53 830	.	55 559	63 920	61 146	[24] 234 455	[24] 58 614	.
66	Linden	75 492	72 170	78 222	76 434	86 012	388 330	77 666	1,43
67	Elbing	28 134	24 539	28 946	29 134	27 627	138 380	27 676	0,51
68	Dessau	.	.	53 028	53 303	52 690	[20] 159 021	[20] 53 007	.
69	Bromberg . .	.	.	.	.	.	.	.	.
70	Coblenz . . .	.	.	.	.	.	.	.	.
71	Flensburg . .	.	.	60 498	64 599	64 383	[20] 189 480	[20] 63 160	.
72	Kaiserslautern	.	.	.	.	.	.	.	.
73	Oberhausen . .	.	.	.	.	54 303	[30] 54 303	[30] 54 303	.
74	Brandenburg a. d. Havel .	36 878	38 077	54 878	44 250	57 040	231 123	46 225	0,92
75	Mülheim a. Rhein . .	33 198	36 230	38 743	40 146	39 888	188 205	37 641	0,79
76	Hildesheim . .	94 494	92 572	88 351	89 009	95 148	459 574	91 915	2,04
77	Gera	43 809	46 279	45 120	46 429	47 629	229 266	45 853	0,99
78	Cottbus . . .	22 979	25 634	24 354	27 860	32 387	133 214	26 643	0,62
79	Halberstadt . .	49 707	54 841	50 207	54 457	55 604	264 816	52 963	1,20
80	Recklinghausen.	20 201	25 260	27 749	31 617	34 200	139 027	27 805	0,71
81	Worms	43 166	44 708	58 177	60 647	69 972	276 670	55 334	1,31
82	Schwerin . . .	49 463	60 120	61 175	63 616	65 820	300 194	60 039	1,50
83	Colmar i. E. .	.	.	.	.	.	.	.	.
84	Rheydt	21 450	21 100	18 300	20 925	24 375	106 150	21 230	0,57
85	Heilbronn. . .	20 756	19 795	25 770	18 622	25 518	110 461	22 092	0,57
86	Altenburg . .	.	35 099	35 006	32 842	34 180	[25] 137 127	[25] 34 282	.

Armenpflege.

Lfde. Nr.	Gemeinde	1901 ℳ	1902 ℳ	1903 ℳ	1904 ℳ	1905 ℳ	1901 bis 1905 zusammen ℳ	durchschnittlich jährlich absolut ℳ	pro Kopf der mittleren Bevölkerung ℳ
87	Malstatt-Burbach	9 696	11 609	.	14 569	14 031	[23] 49 905	[23] 12 476	.
88	Hamm	33 593	34 328	34 546	34 817	30 819	168 103	33 621	0,96
89	Landsberg a. d. Warthe	.	24 574	27 707	27 450	27 235	[25] 106 966	[25] 26 741	.
90	Gotha	.	.	.	.	48 156	[30] 48 156	[30] 48 156	.
91	Guben	53 517	52 475	52 919	55 859	56 183	270 953	54 191	1,55
92	Hof	14 014	9 649	12 709	15 547	14 213	66 132	13 226	0,38
93	Witten	29 590	40 096	41 349	40 974	44 327	196 336	39 267	1,13
94	Kattowitz	17 210	19 212	19 951	33 411	47 331	137 115	27 423	0,81
95	Eisenach	.	13 481	.	11 423	14 336	[19] 39 240	[19] 13 080	.
96	Bernburg	32 596	33 311	31 681	28 497	27 358	153 443	30 689	0,88
97	Zittau	15 647	17 840	18 015	21 417	22 320	95 239	19 048	0,58
98	Göttingen	43 100	43 760	44 800	55 250	.	[21] 186 910	[21] 46 727	.
99	Pirmasens	.	.	.	.	.	.	.	.
100	Forst	25 576	22 655	21 202	23 526	26 352	119 311	23 862	0,73
101	Altenessen	22 962	26 496	28 255	27 968	27 218	132 899	26 580	0,86
102	Meiderich	23 004	21 260	24 459	26 166	26 347	121 236	24 247	0,65
103	Ratibor	12 960	16 676	17 817	20 159	17 979	85 591	17 118	0,59
104	Neunkirchen	14 033	15 071	14 836	12 469	12 670	69 079	13 816	0,46
105	Thorn	33 451	.	.	.	39 047	[4] 72 498	[4] 36 249	.
106	Hanau	29 746	32 241	32 166	32 271	33 304	159 728	31 946	1,04
107	Wandsbeck	32 530	36 492	38 383	34 761	36 542	178 708	35 742	1,20
108	Neumünster	15 897	17 797	17 340	15 839	17 074	83 947	16 789	0,57
109	Stolp i. P.	19 361	24 357	23 508	22 861	23 698	113 785	22 757	0,78
110	Weimar	12 008	11 034	11 054	12 389	12 497	58 982	11 796	0,40
111	Weißenfels	15 626	17 081	18 354	17 422	17 665	86 148	17 230	0,58
112	Freiberg i. S.	.	.	34 712	33 188	37 583	[20] 105 483	[20] 35 161	.
113	Oppeln	17 169	17 811	18 132	17 554	13 891	84 557	16 911	0,56
114	Zeitz	.	30 074	30 661	33 996	31 398	[25] 126 129	[25] 31 532	.
115	Schweidnitz	.	.	.	.	.	.	.	.
116	Nordhausen	41 128	42 157	39 114	38 886	39 634	200 919	40 184	1,38
117	Iserlohn	55 032	.	.	.	.	[26] 55 032	[26] 55 032	.
118	Lüdenscheid	.	20 594	17 966	15 249	17 665	[25] 71 474	[25] 17 868	.
119	Gießen	.	25 771	27 863	21 781	21 203	[25] 96 618	[25] 24 154	.
120	Insterburg	7 457	11 087	12 301	11 888	14 736	57 469	11 494	0,41
121	Herford	13 669	.	18 463	.	.	[2] 32 132	[2] 16 066	.
122	Oldenburg	30 364	29 947	.	29 517	32 428	122 256	30 564	.
123	Hörde	.	18 026	19 167	.	.	[5] 37 193	[5] 18 596	.
124	Aschersleben	25 510	27 724	33 068	33 838	35 229	155 369	31 074	1,13
125	Stargard i. P.	8 005	9 868	10 283	10 065	12 152	50 373	10 075	0,37
126	Minden	.	.	20 342	.	.	[28] 20 342	[28] 20 342	.
127	Reichenbach	12 638	12 278	14 079	16 171	14 469	69 635	13 927	0,56
128	Glauchau	15 778	14 414	16 470	16 641	.	[21] 63 303	[21] 15 826	.
129	Hohensalza	9 575	8 538	9 223	10 941	10 687	48 964	9 793	0,39
130	Greifswald	24 778	26 594	29 303	30 750	34 401	145 826	29 165	1,25

4. Kinder-

Lfde. Nr.	Gemeinde	1901 ℳ	1902 ℳ	1903 ℳ	1904 ℳ	1905 ℳ	1901 bis 1905 zusammen ℳ	durchschnittlich jährlich absolut ℳ	pro Kopf der mittleren Bevölkerung ℳ
1	Berlin	.	.	.	.	.	.	.	.
2	Hamburg . . .	839 746	834 658	874 645	852 061	894 317	4 295 427	859 085	1,14
3	München . . .	174 700	185 025	.	.	.	[1] 359 725	[1] 179 862	.
4	Dresden . . .	220 767	228 194	308 768	322 206	338 668	1 418 603	283 721	0,62
5	Leipzig	289 044	304 809	330 430	338 159	364 984	1 627 426	325 485	0,68
6	Breslau . . .	94 691	99 843	104 433	109 901	141 619	550 487	110 097	0,25
7	Cöln	218 277	221 604	235 955	257 752	270 781	1 204 369	240 874	0,60
8	Frankfurt a. M.	.	112 356	127 622	.	.	[5] 239 978	[5] 119 989	.
9	Nürnberg . . .	96 752	110 339	.	104 635	119 005	430 731	107 683	.
10	Düsseldorf . .	99 671	108 801	114 644	119 442	134 518	577 076	115 415	0,49
11	Hannover . .	72 686	80 741	86 929	104 331	103 064	447 751	89 550	0,37
12	Stuttgart . . .	27 164	26 226	25 403	26 273	33 486	138 552	27 710	0,13
13	Chemnitz . . .	.	.	90 638	93 604	102 928	[20] 287 170	[20] 95 723	.
14	Magdeburg . .	59 687	56 249	59 559	58 509	68 148	302 152	60 430	0,26
15	Charlottenburg	59 129	75 208	78 158	109 424	135 110	457 029	91 406	0,43
16	Essen	47 311	85 256	108 631	93 607	104 869	439 674	87 935	0,50
17	Stettin . . .	.	.	.	42 310	55 487	[10] 97 797	[10] 48 898	.
18	Königsberg i. Preußen .	.	.	.	.	.	.	.	.
19	Bremen . . .	62 618	74 779	72 755	78 784	80 033	368 969	73 794	0,39
20	Duisburg . .	35 136	34 605	35 150	40 083	45 152	190 126	38 025	0,27
21	Dortmund . .	.	57 320	70 833	84 163	93 341	305 657	76 414	.
22	Halle a. S. . .	50 685	58 111	60 356	56 981	58 811	284 944	56 989	0,35
23	Altona	20 607	20 738	20 751	19 833	19 875	101 804	20 361	0,12
24	Kiel	31 024	33 165	39 578	46 330	53 939	204 036	40 807	0,30
25	Elberfeld . . .	142 342	145 939	146 442	148 894	147 342	730 959	146 192	0,91
26	Mannheim . .	46 488	53 390	64 036	70 163	73 993	308 070	61 614	0,40
27	Danzig	71 671	80 912	86 197	95 989	112 650	447 419	89 484	0,60
28	Barmen . . .	63 170	56 346	63 216	62 304	64 353	309 389	61 878	0,42
29	Rixdorf . . .	32 698	35 706	27 996	39 534	46 613	182 547	36 509	0,30
30	Gelsenkirchen .	.	.	.	13 200	18 063	[10] 31 263	[10] 15 631	.
31	Aachen	.	.	48 034	.	71 360	[9] 119 394	[9] 59 697	.
32	Posen	39 528	40 248	35 161	32 101	34 298	181 336	36 267	0,29
33	Braunschweig .	.	.	.	.	.	.	.	.
34	Cassel	28 239	29 636	31 838	31 173	30 076	150 962	30 192	0,27
35	Bochum	14 610	15 178	16 639	14 873	20 329	81 629	16 326	0,18
36	Crefeld	51 947	46 926	48 018	46 742	42 288	235 921	47 184	0,43
37	Plauen i. V. .	11 697	14 077	17 453	17 561	20 768	81 556	16 311	0,18
38	Wiesbaden . .	31 370	32 599	33 333	33 075	33 273	163 650	32 730	0,35
39	Erfurt	8 955	8 554	10 126	16 483	17 644	61 762	12 352	0,13
40	Mülhausen i. E.	24 177	27 556	33 127	35 712	42 708	163 280	32 656	0,36
41	Mülheim (Ruhr)	10 255	10 199	11 910	27 184	21 918	81 466	16 293	0,25
42	Lübeck	13 243	13 082	13 297	13 974	15 326	68 922	13 784	0,16
43	Mainz	15 642	15 115	16 163	20 496	20 265	87 681	17 536	0,20
44	Görlitz	.	.	2 850	3 480	3 799	10 129	3 376	.

pflege.

Lfde. Nr.	Gemeinde	1901 ℳ	1902 ℳ	1903 ℳ	1904 ℳ	1905 ℳ	1901 bis 1905 zusammen ℳ	1901 bis 1905 durchschnittlich jährlich absolut ℳ	1901 bis 1905 durchschnittlich jährlich pro Kopf der mittleren Bevölkerung ℳ
45	Darmstadt	.	.	.	.	.	.	.	.
46	Bonn	47 144	47 177	45 591	52 356	49 184	241 452	48 290	0,73
47	Münster i. W.	27 895	30 127	31 494	36 191	42 406	168 113	33 623	0,46
48	Würzburg	21 109	23 032	20 875	18 087	16 679	99 782	19 956	0,26
49	Hagen	32 067	53 545	51 346	48 062	58 201	243 221	48 644	0,76
50	Freiburg i. Br.	16 215	18 644	19 786	18 625	21 331	94 601	18 920	0,28
51	Ludwigshafen a. Rhein	11 807	15 521	16 637	25 432	31 062	100 459	20 092	0,30
52	Bielefeld	.	9 348	11 187	8 798	10 611	[25] 39 944	[25] 9 986	.
53	Zwickau	.	16 150	15 070	16 131	19 671	[25] 67 022	[25] 16 755	.
54	Königshütte	19 571	19 058	20 835	18 887	19 919	98 270	19 654	0,32
55	Remscheid	22 476	44 108	36 438	50 470	45 098	198 590	39 718	0,65
56	Frankfurt a. Oder	50 210	56 337	53 025	48 851	51 147	259 570	51 914	0,82
57	Potsdam	20 143	18 817	15 213	16 180	14 883	85 236	17 047	0,28
58	Gleiwitz	.	.	2 658	2 642	2 556	[20] 7 856	[20] 2 619	.
59	M.-Gladbach	25 573	25 819	18 744	19 178	20 555	109 869	21 974	0,37
60	Fürth	15 399	18 286	.	.	.	[1] 33 685	[1] 16 842	.
61	Metz	.	.	.	.	.	.	.	.
62	Beuthen	15 834	15 287	15 962	16 810	17 487	81 380	16 276	0,29
63	Offenbach a. Main	9 111	11 244	12 486	13 020	12 990	58 851	11 770	0,21
64	Liegnitz	3 341	3 984	5 091	4 438	4 534	21 388	4 278	0,07
65	Pforzheim	.	.	.	20 483	20 803	[10] 41 286	[10] 20 643	.
66	Linden	24 120	26 946	28 569	27 180	27 598	134 413	26 883	0,50
67	Elbing	8 985	9 028	7 599	7 060	5 973	38 645	7 729	0,14
68	Dessau	11 055	10 238	9 815	10 410	16 968	58 486	11 697	0,22
69	Bromberg	11 492	10 872	9 608	12 029	12 400	56 401	11 280	0,21
70	Coblenz	18 831	15 664	16 999	18 905	20 031	90 430	18 086	0,37
71	Flensburg	.	.	8 149	10 291	12 432	[20] 30 872	[20] 10 291	.
72	Kaiserslautern	7 974	9 770	10 563	.	.	[11] 28 307	[11] 9 436	.
73	Oberhausen	.	.	.	.	.	.	.	.
74	Brandenburg a. d. Havel	4 239	5 943	6 018	5 958	6 117	28 275	5 655	0,11
75	Mülheim a. Rhein	8 185	9 985	12 220	12 568	13 421	56 379	11 276	0,24
76	Hildesheim	32 998	33 576	34 033	33 481	34 144	168 232	33 646	0,75
77	Gera	18 182	17 844	19 196	20 638	21 800	97 660	19 532	0,42
78	Cottbus	9 202	12 099	10 897	15 868	18 465	66 531	13 306	0,31
79	Halberstadt	9 091	16 164	13 832	13 110	11 976	64 173	12 835	0,29
80	Recklinghausen	6 324	5 179	5 393	5 446	4 979	27 321	5 464	0,14
81	Worms	4 723	3 953	5 113	4 609	4 853	23 251	4 650	0,11
82	Schwerin	13 077	15 089	13 992	14 853	14 837	71 848	14 370	0,36
83	Colmar i. E.	.	.	.	.	.	.	.	.
84	Rheydt	7 900	7 900	12 620	13 852	15 124	57 396	11 479	0,31
85	Heilbronn	11 008	11 316	11 767	11 030	12 526	57 647	11 529	0,30
86	Altenburg	.	14 132	15 493	14 892	13 997	[25] 58 514	[25] 14 628	.

Noch 4. Kinderpflege.

Lfde. Nr.	Gemeinde	1901 ℳ	1902 ℳ	1903 ℳ	1904 ℳ	1905 ℳ	1901 bis 1905 zusammen ℳ	durchschnittlich jährlich absolut ℳ	pro Kopf der mittleren Bevölkerung ℳ
87	Malstatt-Burbach	9 293	11 728	.	17 132	18 166	[23] 56 319	[23] 14 080	.
88	Hamm	4 106	3 682	3 787	3 009	3 918	18 502	3 700	1,06
89	Landsberg a. d. Warthe	9 690	9 389	9 720	10 536	10 741	50 076	10 015	0,28
90	Gotha	11 138	11 309	10 129	.	10 435	[22] 43 011	[22] 10 753	.
91	Guben	6 438	7 143	7 612	8 177	8 197	37 567	7 513	0,22
92	Hof	5 488	4 242	4 330	5 879	5 159	25 098	5 020	0,15
93	Witten	8 236	6 832	5 824	5 409	5 086	31 387	6 277	0,18
94	Kattowitz	9 819	9 991	11 077	14 354	16 436	61 677	12 335	0,37
95	Eisenach	6 450	6 948	7 003	7 322	8 216	35 939	7 188	0,22
96	Bernburg	10 409	10 939	9 813	8 798	7 093	47 052	9 410	0,27
97	Zittau	5 940	7 558	7 405	8 116	7 738	36 757	7 351	0,22
98	Göttingen	6 400	5 770	5 770	7 200	5 593	30 733	6 147	0,19
99	Pirmasens	.	.	.	8 769	.	[29] 8 769	[29] 8 769	.
100	Forst	17 439	15 607	12 338	11 904	11 819	69 107	13 821	0,42
101	Altenessen	6 863	9 441	9 166	11 460	11 748	48 678	9 736	0,31
102	Meiderich	4 557	4 125	4 729	4 866	5 655	23 932	4 786	0,13
103	Ratibor	7 464	7 220	9 948	5 728	7 475	37 835	7 567	0,26
104	Neunkirchen	12 894	12 885	15 539	15 394	16 373	73 085	14 617	0,49
105	Thorn	17 603	.	.	.	20 301	[4] 37 904	[4] 18 952	.
106	Hanau	12 644	13 843	15 379	22 614	23 744	88 224	17 645	0,57
107	Wandsbeck	3 867	4 676	5 596	7 407	8 276	29 822	5 964	0,18
108	Neumünster	.	.	.	.	12 850	[30] 12 850	[30] 12 850	.
109	Stolp i. P.	4 655	4 426	4 320	4 254	4 274	21 929	4 386	0,15
110	Weimar	3 253	3 079	3 433	2 491	2 769	15 025	3 005	0,10
111	Weißenfels	5 283	5 215	6 898	6 442	7 456	31 294	6 259	0,21
112	Freiberg i. S.	.	.	13 953	14 870	14 094	[20] 42 917	[20] 14 306	.
113	Oppeln	9 073	.	11 552	12 045	12 179	[24] 44 849	[24] 11 212	.
114	Zeitz	17 481	14 939	17 348	15 263	18 102	83 133	16 627	0,57
115	Schweidnitz	.	10 758	11 676	10 517	10 771	[25] 43 722	[25] 10 930	.
116	Nordhausen	14 233	15 671	18 611	18 600	19 471	86 586	17 317	0,59
117	Iserlohn	11 000	.	.	.	.	[26] 11 000	[26] 11 000	.
118	Lüdenscheid	.	12 419	10 702	10 822	7 282	[25] 41 225	[25] 10 306	.
119	Gießen	.	8 377	9 219	9 707	12 434	[25] 39 737	[25] 9 934	.
120	Insterburg	.	.	.	.	.	.	.	.
121	Herford	4 057	.	5 995	.	.	[2] 10 052	[2] 5 026	.
122	Oldenburg	7 452	7 237	8 112	7 273	7 513	37 587	7 517	0,27
123	Hörde	.	4 448	5 144	.	.	[8] 9 592	[8] 4 796	.
124	Aschersleben	.	.	.	.	8 904	[30] 8 904	[30] 8 904	.
125	Stargard i. P.	6 007	6 202	9 018	8 956	8 849	39 032	7 806	0,29
126	Minden	.	4 793	.	.	.	[27] 4 793	[27] 4 793	.
127	Reichenbach	6 846	.	6 919	6 610	6 418	26 793	6 698	.
128	Glauchau	6 226	6 784	6 267	8 148	.	[21] 27 425	[21] 6 856	.
129	Hohensalza	.	.	2 794	2 819	3 418	[20] 9 031	[20] 3 010	.
130	Greifswald	9 098	9 535	9 568	9 347	9 799	47 347	9 469	0,41

5. Zahlungen an auswärtige Armenverbände.

Lfde. Nr.	Gemeinde	1901	1902	1903	1904	1905	1901 bis 1905 zusammen	durchschnittlich jährlich absolut	pro Kopf der mittleren Bevölkerung
		ℳ	ℳ	ℳ	ℳ	ℳ	ℳ	ℳ	ℳ
1	Berlin	.	314 882	371 291	360 566	.	.	.	.
2	Hamburg . . .	84 057	85 629	92 471	84 824	87 328	434 309	86 862	0,12
3	München . . .	.	.	.	.	.	.	.	.
4	Dresden . . .	62 414	87 204	75 385	75 487	77 843	378 333	75 667	0,17
5	Leipzig	45 359	48 058	53 889	50 650	49 955	247 911	49 582	0,10
6	Breslau . . .	31 196	31 430	33 109	37 709	32 892	166 336	33 267	0,07
7	Cöln	29 694	33 516	32 393	34 925	31 236	161 764	32 353	0,08
8	Frankfurt a. M.	.	20 353	28 126	.	.	[5] 48 479	[5] 24 239	.
9	Nürnberg . . .	.	.	.	.	.	.	.	.
10	Düsseldorf . .	47 636	49 120	52 732	55 018	57 814	262 320	52 464	0,22
11	Hannover . . .	33 997	36 590	32 362	30 304	28 099	161 352	32 270	0,13
12	Stuttgart . . .	6 967	5 844	7 387	6 861	8 154	35 213	7 045	0,03
13	Chemnitz . . .	.	. .	19 855	17 981	18 229	[20] 56 065	[20] 18 688	.
14	Magdeburg . .	18 100	22 588	23 054	22 416	21 000	107 158	21 432	0,09
15	Charlottenburg	43 326	49 333	50 349	52 539	57 965	253 512	50 702	0,24
16	Essen	27 728	37 044	38 605	36 303	43 233	182 913	36 583	0,21
17	Stettin	.	.	.	28 517	29 356	[10] 57 873	[10] 28 936	.
18	Königsberg i. Preußen .	13 687	12 338	14 527	14 827	15 595	70 974	14 195	0,07
19	Bremen . . .	30 093	24 948	27 474	27 278	32 247	142 040	28 408	0,15
20	Duisburg . . .	15 880	18 351	15 261	20 494	17 219	87 205	17 441	0,12
21	Dortmund . .	10 142	12 544	15 151	16 381	18 805	73 023	14 605	0,09
22	Halle a. S. . .	19 146	21 273	22 397	23 601	23 472	109 889	21 978	0,13
23	Altona	40 800	41 865	54 495	45 945	48 872	231 977	46 395	0,28
24	Kiel	15 028	14 396	15 488	15 731	18 683	79 326	15 865	0,12
25	Elberfeld . . .	20 171	19 609	20 025	17 165	13 915	90 885	18 177	0,11
26	Mannheim . .	10 533	9 603	13 962	17 588	13 291	64 977	12 995	0,09
27	Danzig	14 710	16 783	21 805	21 753	21 400	96 451	19 290	0,13
28	Barmen . . .	19 669	15 996	13 976	16 710	11 888	78 239	15 648	0,11
29	Rixdorf	37 087	37 926	35 992	31 200	29 859	172 064	34 413	0,28
30	Gelsenkirchen .	3 314	3 153	15 250	11 399	13 986	47 102	9 420	0,10
31	Aachen	.	.	.	.	9 358	[30] 9 358	[30] 9 358	.
32	Posen	8 612	7 971	9 494	9 246	12 695	48 018	9 604	0,08
33	Braunschweig .	.	.	.	14 761	.	[29] 14 761	[29] 14 761	.
34	Cassel	4 660	4 789	5 694	6 007	5 542	26 692	5 338	0,05
35	Bochum . . .	4 908	7 385	10 998	10 395	12 758	46 444	9 289	0,10
36	Crefeld	26 519	28 093	24 289	19 636	17 045	115 582	23 116	0,21
37	Plauen i. V. .	3 622	2 364	3 508	3 452	4 502	17 448	3 490	0,04
38	Wiesbaden . .	9 143	8 442	10 099	9 570	9 708	46 962	9 392	0,10
39	Erfurt	7 290	6 119	5 428	7 070	3 816	29 723	5 945	0,06
40	Mühlhausen i. E.	.	.	.	.	.	.	.	.
41	Mülheim (Ruhr)	. *)	. *)	9 123	13 004	15 927	[20] 38 054	[20] 12 685	.
42	Lübeck	4 350	3 288	3 992	3 482	3 834	18 946	3 789	0,04

*) Bei den örtlichen Leistungen verrechnet.

Nach 5. Zahlungen

Lfde. Nr.	Gemeinde	1901	1902	1903	1904	1905	1901 bis 1905		
							zusammen	durchschnittlich jährlich	
								absolut	pro Kopf der mittleren Bevölkerung
		ℳ	ℳ	ℳ	ℳ	ℳ	ℳ	ℳ	ℳ
43	Mainz	7 950	7 959	6 407	6 728	6 514	35 558	7 112	0,08
44	Görlitz	6 593	5 737	9 246	8 296	6 641	36 513	7 303	0,09
45	Darmstadt	5 434	4 602	4 717	4 090	5 220	24 063	4 813	0,06
46	Bonn	6 858	7 650	6 549	11 838	8 800	41 695	8 339	0,13
47	Münster i. W.	7 639	7 934	4 024	4 327	5 242	29 166	5 833	0,08
48	Würzburg	763	1 268	1 110	2 814	1 688	7 643	1 529	0,02
49	Hagen	7 630	8 031	10 005	9 030	7 736	42 432	8 486	0,13
50	Freiburg i. Br.	3 182	2 572	3 568	2 726	3 240	15 288	3 058	0,05
51	Ludwigshafen a. Rhein	1 873	1 640	2 227	2 143	2 443	10 326	2 065	0,03
52	Bielefeld	.	.	11 560	8 469	9 713	[20] 29 742	[20] 9 914	.
53	Zwickau	.	4 400	6 644	4 862	5 997	[25] 21 903	[25] 5 476	.
54	Königshütte	2 005	3 120	2 319	5 718	5 398	18 560	3 712	0,06
55	Remscheid	7 901	15 334	10 814	11 969	10 336	56 354	11 271	0,18
56	Frankfurt a. O.	4 873	4 370	4 259	3 580	2 986	20 068	4 014	0,06
57	Potsdam	6 536	7 578	7 531	7 560	6 766	35 971	7 194	0,12
58	Gleiwitz	.	.	3 420	3 343	.	[8] 6 763	[8] 3 381	.
59	M.-Gladbach	19 850	17 453	12 220	16 002	13 990	79 515	15 903	0,27
60	Fürth	793	90	.	.	.	[26] 883	[26] 441	.
61	Metz	.	.	.	.	.	.	.	.
62	Beuthen	2 939	4 298	3 280	3 196	4 316	18 029	3 606	0,06
63	Offenbach a. M.	5 955	5 032	5 434	7 052	6 147	29 620	5 924	0,11
64	Liegnitz	1 481	1 016	899	998	988	5 382	1 076	0,02
65	Pforzheim	1 532	1 185	2 464	3 273	3 317	11 771	2 354	0,05
66	Linden	7 623	10 326	10 271	10 914	10 196	49 330	9 866	0,18
67	Elbing	9 124	11 205	10 626	9 700	9 687	50 342	10 068	0,19
68	Dessau	3 231	4 326	4 969	5 341	6 279	24 146	4 829	0,09
69	Bromberg	6 404	7 823	7 517	8 711	9 294	39 749	7 950	0,15
70	Coblenz	2 452	2 201	2 106	3 710	4 624	15 093	3 019	0,06
71	Flensburg	.	.	9 465	10 449	10 183	[20] 30 097	[20] 10 032	.
72	Kaiserslautern	819	2 200	2 386	4 603	5 479	15 487	3 097	0,06
73	Oberhausen	11 189	13 292	18 853	9 931	11 194	64 459	12 892	0,27
74	Brandenburg a. d. Havel	3 972	5 575	5 614	4 132	2 747	22 040	4 408	0,09
75	Mülheim a. Rh.	9 171	10 075	10 069	9 890	8 613	47 818	9 564	0,20
76	Hildesheim	1 965	3 149	2 450	3 088	2 267	12 919	2 584	0,06
77	Gera	5 073	5 035	3 813	3 872	4 709	22 502	4 500	0,10
78	Cottbus	3 283	4 671	5 424	4 081	2 741	20 200	4 040	0,09
79	Halberstadt	6 848	7 737	7 845	7 811	7 157	37 398	7 480	0,17
80	Recklinghausen	2 072	3 758	.	4 985	6 950	[23] 17 765	[23] 4 441	.
81	Worms	3 393	3 376	5 011	3 899	2 595	18 274	3 655	0,09
82	Schwerin	2 129	2 787	2 788	1 910	1 941	11 555	2 311	0,06
83	Colmar i. E.	334	632	.	.	.	[1] 966	[1] 483	.
84	Rheydt	6 600	7 900	5 530	4 306	5 351	29 687	5 937	0,16
85	Heilbronn	2 182	1 424	2 169	1 158	2 370	9 303	1 861	0,05
86	Altenburg	.	1 242	3 036	3 143	4 439	[25] 11 860	[25] 2 372	.
87	Malstatt-Burbach	805	2 795	.	2 743	2 436	[23] 8 779	[23] 2 195	.

an auswärtige Armenverbände.

Lfde. Nr.	Gemeinde	1901	1902	1903	1904	1905	1901 bis 1905 zusammen	1901 bis 1905 durchschnittlich jährlich absolut	1901 bis 1905 durchschnittlich jährlich pro Kopf der mittleren Bevölkerung
		ℳ	ℳ	ℳ	ℳ	ℳ	ℳ	ℳ	ℳ
88	Hamm	1 893	2 296	1 873	1 807	2 102	9 971	1 994	0,06
89	Landsberg a. d. Warthe	5 399	4 434	3 974	7 232	4 019	25 058	5 012	0,14
90	Gotha	2 844	3 129	3 447	.	2 831	[22] 12 251	[22] 3 063	.
91	Guben	1 281	1 888	1 619	1 625	1 682	8 095	1 619	0,05
92	Hof	.	.	.	.	.	.	.	.
93	Witten	2 139	2 262	2 320	3 884	4 538	15 143	3 029	0,09
94	Kattowitz	1 340	2 768	2 831	3 780	4 867	15 586	3 117	0,09
95	Eisenach	3 142	4 370	4 766	4 274	3 643	20 195	4 039	0,12
96	Bernburg	.	3 711	3 366	3 219	2 754	[25] 13 050	[25] 3 262	.
97	Zittau	3 956	3 456	3 507	3 201	3 294	17 414	3 483	0,11
98	Göttingen	2 400	2 200	2 200	2 400	2 150	11 350	2 270	0,07
99	Pirmasens	.	.	.	.	.	.	.	.
100	Forst	.	.	4 246	1 879	3 803	[20] 9 928	[20] 3 309	.
101	Altenessen	4 418	4 970	3 957	6 102	2 832	22 279	4 456	0,14
102	Meiderich	4 726	6 326	6 472	5 177	7 456	30 157	6 031	0,16
103	Ratibor	3 123	3 693	5 074	4 739	3 375	20 004	4 001	0,14
104	Neunkirchen	1 898	1 751	2 020	1 772	1 893	9 334	1 867	0,06
105	Thorn	5 260	.	5 437	5 255	5 455	[24] 21 407	[24] 5 352	.
106	Hanau	2 127	2 014	2 582	2 050	2 179	10 952	2 190	0,07
107	Wandsbeck	5 029	5 826	4 582	3 091	4 277	22 805	4 561	0,15
108	Neumünster	3 290	3 767	3 315	2 995	5 453	18 820	3 764	0,13
109	Stolp i. P.	2 876	3 477	2 320	2 215	3 322	14 210	2 842	0,10
110	Weimar	.	2 120	1 955	3 732	2 866	[25] 10 673	[25] 2 668	.
111	Weißenfels	2 365	2 111	2 228	2 032	1 998	10 734	2 147	0,07
112	Freiberg i. S.	2 702	2 449	2 409	1 954	1 699	11 213	2 243	0,07
113	Oppeln	1 570	2 469	2 312	3 197	.	[21] 9 548	[21] 2 387	.
114	Zeitz	1 763	1 892	2 133	2 408	2 724	10 920	2 184	0,08
115	Schweidnitz	7 370	7 013	7 174	7 787	6 198	35 542	7 108	0,24
116	Nordhausen	3 624	3 173	3 430	2 546	2 479	15 252	3 050	0,10
117	Iserlohn	2 296	1 778	.	.	.	[1] 4 074	[1] 2 037	.
118	Lüdenscheid	.	2 126	3 876	2 595	2 702	[25] 11 299	[25] 2 825	.
119	Gießen	.	1 461	625	682	1 021	3 789	947	.
120	Insterburg	3 591	6 318	7 390	5 923	6 998	30 220	6 044	0,21
121	Herford	6 959	.	3 628	.	.	[2] 10 587	[2] 5 293	.
122	Oldenburg	.	.	.	.	.	.	.	.
123	Hörde	.	3 077	2 007	.	.	[5] 5 084	[5] 2 542	.
124	Aschersleben	2 782	2 789	3 069	3 416	3 493	15 549	3 110	0,11
125	Stargard i. P.	2 230	3 109	3 640	3 427	3 763	16 169	3 234	0,12
126	Minden	.	.	2 096	.	.	[28] 2 096	[28] 2 096	.
127	Reichenbach	2 092	2 279	1 733	1 307	1 875	9 286	1 857	0,08
128	Glauchau	3 103	2 605	1 943	1 534	.	[21] 9 185	[21] 2 296	.
129	Hohensalza	.*)	.*)	.*)	2 336	2 770	[10] 5 106	[10] 2 553	.
130	Greifswald	2 022	2 820	2 482	1 900	1 417	10 641	2 128	0,09

*) Bei den Vorunterstützungen mitverrechnet.

6. Zuschüsse an nichtstädtische

Lfde. Nr.	Gemeinde	1901	1902	1903	1904	1905	1901 bis 1905 zusammen	1901 bis 1905 durchschnittlich jährlich absolut	1901 bis 1905 durchschnittlich jährlich pro Kopf der mittleren Bevölkerung
		M	M	M	M	M	M	M	M
1	Berlin	.	.	.	.	.	.	.	.
2	Hamburg	12 009	12 500	12 500	12 000	15 000	64 009	12 802	0,02
3	München	79 442	83 985	.	.	.	[1] 163 427	[1] 81 713	.
4	Dresden	.	.	.	.	.	.	.	.
5	Leipzig	.	40 000	40 000	40 000	43 824	[25] 163 824	[25] 40 956	.
6	Breslau	65 218	69 497	82 495	94 329	97 590	409 129	81 826	0,18
7	Cöln	.	.	.	.	16 204	[30] 16 204	[30] 16 204	.
8	Frankfurt a. M.	.	21 040	29 690	.	.	[5] 50 730	[5] 25 365	.
9	Nürnberg	4 310	4 660	.	5 010	2 310	[23] 16 290	[23] 4 072	.
10	Düsseldorf	6 000	6 400	12 400	9 400	9 400	43 600	8 720	0,04
11	Hannover	.	.	.	.	.	.	.	.
12	Stuttgart	22 385	18 648	20 358	22 442	21 311	105 144	21 029	0,10
13	Chemnitz	.	.	14 126	14 079	15 410	[20] 43 615	[20] 14 538	.
14	Magdeburg	.	.	.	.	.	.	.	.
15	Charlottenburg	29 700	30 000	32 600	55 770	81 221	229 291	45 858	0,21
16	Essen	4 596	3 376	3 157	2 228	3 879	17 236	3 447	0,02
17	Stettin	.	.	.	29 000	30 000	[10] 59 000	[10] 29 500	.
18	Königsberg i. Pr.	22 933	.	24 889	29 850	40 687	95 426	31 809	.
19	Bremen	.	.	.	.	.	.	.	.
20	Duisburg	10 402	13 139	11 029	13 270	14 610	62 450	12 490	0,09
21	Dortmund	16 400	17 400	17 400	21 400	24 400	97 000	19 400	0,12
22	Halle a. S.	13 174	13 474	19 291	17 674	19 674	83 287	16 657	0,10
23	Altona	.	.	.	.	.	.	.	.
24	Kiel	.	.	.	.	.	.	.	.
25	Elberfeld	10 060	10 000	10 000	13 442	18 500	62 002	12 400	0,08
26	Mannheim	.	20 944	21 410	22 017	23 427	[25] 87 798	[25] 21 949	.
27	Danzig	.	.	28 287	31 420	33 649	[20] 93 356	[20] 31 118	.
28	Barmen	10 000	10 000	10 000	15 000	15 000	60 000	12 000	0,08
29	Rixdorf	.	1 500	2 200	3 000	5 700	[25] 12 400	[25] 3 100	.
30	Gelsenkirchen	.	.	.	.	.	.	.	.
31	Aachen	.	.	.	.	3 180	[30] 3 180	[30] 3 180	.
32	Posen	6 571	7 811	8 620	6 290	6 090	35 382	7 076	0,06
33	Braunschweig	.	.	.	1 500	.	[29] 1 500	[29] 1 500	.
34	Cassel	.	.	.	.	.	.	.	.
35	Bochum	.	.	.	.	.	.	.	.
36	Crefeld	3 000	3 000	3 000	3 000	3 000	15 000	3 000	0,03
37	Plauen i. V.	4 770	4 770	4 925	4 925	4 925	24 315	4 863	0,05
38	Wiesbaden	18 002	19 862	17 862	20 062	20 062	95 850	19 170	0,20
39	Erfurt	7 551	7 120	7 199	6 949	7 385	36 204	7 241	0,08
40	Mülhausen i. E.	34 800	34 800	44 486	31 760	38 468	184 314	36 863	0,40
41	Mülheim a. Ruhr	.	.	1 861	1 887	2 848	6 596	2 199	.

Wohltätigkeitseinrichtungen.

Lfde. Nr.	Gemeinde	1901	1902	1903	1904	1905	1901 bis 1905 zusammen	durchschnittlich jährlich absolut	durchschnittlich jährlich pro Kopf der mittleren Bevölkerung
		ℳ	ℳ	ℳ	ℳ	ℳ	ℳ	ℳ	ℳ
42	Lübeck . . .	.	.	.	.	.	.	.	.
43	Mainz . . .	.	.	.	.	.	.	.	.
44	Görlitz . . .	3 150	3 150	3 950	6 950	.	[21] 17 200	[21] 4 300	.
45	Darmstadt . .	.	.	.	.	.	.	.	.
46	Bonn	.	.	.	.	.	.	.	.
47	Münster i. W.	.	.	.	1 100	.	[29] 1 100	[29] 1 100	.
48	Würzburg . .	.	.	.	.	.	.	.	.
49	Hagen i. W. .	2 600	2 600	2 600	2 600	2 600	13 000	2 600	0,04
50	Freiburg i. Br.	6 060	6 060	6 060	6 060	6 060	30 300	6 060	0,09
51	Ludwigshafen a. Rhein .	6 000	7 000	7 000	.	.	[11] 20 000	[11] 6 667	.
52	Bielefeld . .	.	.	.	.	.	.	.	.
53	Zwickau . . .	.	2 400	2 400	2 400	3 050	[18] 10 250	[18] 2 562	.
54	Königshütte .	1 779	1 775	2 252	2 220	2 060	10 086	2 017	0,03
55	Remscheid . .	.	.	.	.	.	.	.	.
56	Frankfurt a. O.	4 300	3 800	3 800	2 550	2 112	16 562	3 312	0,05
57	Potsdam . .	1 150	1 150	1 100	1 100	987	5 487	1 097	0,02
58	Gleiwitz . . .	.	.	2 173	2 573	2 628	[20] 7 374	[20] 2 458	.
59	M.-Gladbach .	.	.	.	.	.	.	.	.
60	Fürth	.	.	.	.	.	.	.	.
61	Metz	13 490	13 640	13 640	13 640	13 640	68 050	13 610	0,23
62	Beuthen . . .	4 604	4 604	5 144	5 806	6 711	26 869	5 374	0,10
63	Offenbach a. M.	.	.	.	.	.	.	.	.
64	Liegnitz . . .	3 807	3 243	4 247	5 058	5 200	21 555	4 311	0,08
65	Pforzheim . .	.	.	5 812	8 850	8 850	[20] 23 512	[20] 7 837	.
66	Linden . . .	950	1 270	1 526	2 276	2 326	8 348	1 670	0,03
67	Elbing . . .	.	.	.	.	.	.	.	.
68	Dessau . . .	.	.	.	.	.	.	.	.
69	Bromberg . .	.	.	.	.	.	.	.	.
70	Coblenz . . .	.	.	.	.	.	.	.	.
71	Flensburg . .	.	.	.	.	.	.	.	.
72	Kaiserslautern	.	.	.	.	.	.	.	.
73	Oberhausen .	3 139	3 139	3 149	3 139	7 799	20 365	4 073	0,09
74	Brandenburg a. Havel .	1 240	1 540	1 540	1 540	1 540	7 400	1 480	0,03
75	Mülheim a. Rhein .	.	.	.	.	.	.	.	.
76	Hildesheim .	.	.	.	.	.	.	.	.
77	Gera	5 235	5 285	5 860	6 360	6 860	29 600	5 920	0,13
78	Cottbus . . .	1 420	1 420	1 420	1 769	4 540	10 569	2 114	0,05
79	Halberstadt .	.	.	.	1 698	1 912	[10] 3 610	[10] 1 805	.
80	Recklinghausen	.	.	.	.	.	.	.	.
81	Worms . . .	1 718	1 877	1 719	2 067	1 569	8 950	1 790	0,04
82	Schwerin . .	.	.	.	.	.	.	.	.
83	Colmar i. E. .	1 300	3 300	3 400	2 600	.	[11] 8 000	[11] 2 667	.
84	Rheydt . . .	.	.	.	.	.	.	.	.
85	Heilbronn . .	2 545	2 633	2 580	2 470	2 835	13 063	2 615	0,07
86	Altenburg . .	.	3 088	3 050	4 658	3 102	[25] 13 898	[25] 3 474	.

Noch 6. Zuschüsse an nichtstädtische Wohltätigkeitseinrichtungen.

Lfde. Nr.	Gemeinde	1901	1902	1903	1904	1905	1901 bis 1905		
							zusammen	durchschnittlich jährlich	
								absolut	pro Kopf der mittleren Bevölkerung
		ℳ	ℳ	ℳ	ℳ	ℳ	ℳ	ℳ	ℳ
87	Malstatt-Burbach . . .	.	.	.	.	.	.	.	.
88	Hamm . . .	.	.	.	.	.	.	.	.
89	Landsberg a. W. . . .	7 408	7 653	7 612	7 676	7 743	38 092	7 618	0,22
90	Gotha. . . .	4 465	4 599	4 135	.	4 181	[22] 17 380	[22] 4 345	.
91	Guben . . .	.	.	.	.	.	.	.	.
92	Hof	2 500	2 500	2 500	2 500	2 500	12 500	2 500	0,07
93	Witten . . .	.	.	.	.	.	.	.	.
94	Kattowitz . .	1 855	1 855	1 855	2 445	2 585	10 595	2 119	0,06
95	Eisenach. . .	.	3 597	2 878	3 034	2 535	[25] 12 044	[25] 3 011	.
96	Bernburg . .	.	600	600	600	600	[25] 2 400	[25] 600	.
97	Zittau . . .	1 656	2 028	1 963	.	.	[11] 5 647	[11] 1 882	.
98	Göttingen . .	.	.	.	.	5 600	[30] 5 600	[30] 5 600	.
99	Pirmasens. .	.	.	.	500	.	[29] 500	[29] 500	.
100	Forst	810	810	810	810	810	4 050	810	0,02
101	Altenessen . .	2 368	3 550	2 636	2 757	2 895	14 206	2 841	0,09
102	Meiderich . .	342	342	342	402	402	1 830	366	0,10
103	Ratibor . . .	1 325	776	1 155	1 157	2 534	6 947	1 389	0,05
104	Neunkirchen .	1 500	1 800	1 800	1 800	1 800	8 700	1 740	0,06
105	Thorn . . .	2 530	.	7 817	7 782	650	[24] 18 779	[24] 4 695	.
106	Hanau . . .	.	.	.	.	.	.	.	.
107	Wandsbeck. .	.	.	.	.	.	.	.	.
108	Neumünster .	.	.	.	.	6 200	6 200	6 200	.
109	Stolp i. P. .	1 660	1 760	1 410	2 210	2 470	9 510	1 902	0,07
110	Weimar . . .	5 666	5 048	5 436	4 246	7 164	27 560	5 512	0,18
111	Weißenfels .	621	1 446	1 446	1 446	1 421	6 380	1 276	0,04
112	Freiberg i. S.	1 050	1 856	.	1 971	.	[12] 4 877	[12] 1 626	.
113	Oppeln . . .	1 400	1 400	1 700	1 700	1 700	7 900	1 580	0,05
114	Zeitz	1 062	1 057	.	.	.	[1] 2 119	[1] 1 059	.
115	Schweidnitz .	2 394	2 394	1 860	1 860	1 860	10 368	2 074	0,07
116	Nordhausen .	3 550	3 850	3 850	4 850	4 500	20 600	4 120	0,14
117	Iserlohn . .	494	494	.	.	.	[1] 988	[1] 494	.
118	Lüdenscheid .	.	.	.	.	.	.	.	.
119	Gießen . . .	.	2 005	1 977	1 845	1 855	7 682	1 920	.
120	Insterburg .	.	.	.	.	.	.	.	.
121	Herford . . .	1 013	.	.	.	.	1 013	1 013	.
122	Oldenburg. .	.	.	.	.	.	.	.	.
123	Hörde. . . .	.	.	.	.	.	.	.	.
124	Aschersleben .	.	.	.	.	.	.	.	.
125	Stargard i. P.	.	.	.	.	.	.	.	.
126	Minden . . .	.	200	200	.	.	[5] 400	[5] 200	.
127	Reichenbach .	1 800	1 900	1 800	2 400	2 400	10 300	2 060	0,08
128	Glauchau . .	.	.	.	.	.	.	.	.
129	Hohensalza .	400	.	900	.	.	[2] 1 300	[2] 650	.
130	Greifswald .	.	.	.	.	.	.	.	.

7. Ausgaben überhaupt.

Lfde. Nr.	Gemeinde	1901	1902	1903	1904	1905	1901 bis 1905 zusammen	1901 bis 1905 durchschnittlich jährlich absolut	1901 bis 1905 durchschnittlich jährlich pro Kopf der mittleren Bevölkerung
		M	M	M	M	M	M	M	M
1	Berlin	.	.	.	.	.	.	.	.
2	Hamburg	5 476 739	5 671 002	5 660 417	5 650 524	5 683 107	28 141 789	5 628 358	7,46
3	München	.	.	.	.	.	.	.	.
4	Dresden	1 990 480	2 187 120	2 424 804	2 384 224	2 352 384	11 339 012	2 267 802	4,97
5	Leipzig	1 946 086	2 394 314	2 548 852	2 642 311	2 710 562	12 242 125	2 448 425	5,10
6	Breslau	1 905 480	2 108 874	2 209 733	2 351 676	2 487 381	11 063 144	2 212 629	4,95
7	Cöln	1 931 330	2 077 978	2 109 255	2 235 936	2 296 094	10 650 593	2 130 119	5,32
8	Frankfurt a. Main	.	1 709 618	1 848 094	.	.	[5] 3 557 712	[5] 1 778 856	.
9	Nürnberg	.	.	.	.	.	.	.	.
10	Düsseldorf	1 100 407	1 151 629	1 204 831	1 230 701	1 317 504	6 005 072	1 201 014	5,14
11	Hannover	734 497	829 018	821 919	834 333	828 145	4 047 912	809 582	3,33
12	Stuttgart	656 929	632 374	638 914	647 974	738 902	3 315 093	663 019	3,11
13	Chemnitz	.	.	588 386	606 403	649 211	[20] 1 844 000	[20] 614 667	.
14	Magdeburg	.	.	.	.	.	.	.	.
15	Charlottenburg	.	.	.	.	.	.	.	.
16	Essen	584 532	839 770	842 793	846 322	898 723	4 012 140	802 428	4,58
17	Stettin	.	.	.	.	.	.	.	.
18	Königsberg i. Pr.	.	.	.	.	.	.	.	.
19	Bremen	851 163	967 763	1 045 142	1 105 767	1 122 737	5 092 572	1 018 514	5,39
20	Duisburg	337 454	353 041	370 729	394 995	412 130	1 868 349	373 660	2,62
21	Dortmund	.	396 883	424 663	459 785	518 885	[25] 1 800 216	[25] 450 054	.
22	Halle a. S.	661 923	737 427	711 058	703 245	717 035	3 530 688	706 138	4,33
23	Altona	480 032	559 901	558 481	530 175	550 778	2 679 367	535 873	3,25
24	Kiel	507 462	580 874	631 052	716 500	835 209	3 271 097	654 219	4,81
25	Elberfeld	744 507	738 678	744 140	781 679	785 881	3 794 885	758 977	4,75
26	Mannheim	.	.	.	.	711 449	[30] 711 449	[30] 711 449	.
27	Danzig	.	.	.	.	.	.	.	.
28	Barmen	452 983	463 863	464 936	492 978	504 484	2 379 244	475 849	3,19
29	Rixdorf	.	.	330 238	355 724	405 433	[20] 1 091 395	[20] 363 798	.
30	Gelsenkirchen	.	.	.	.	.	.	.	.
31	Aachen	.	.	.	.	869 868	[30] 869 868	[30] 869 868	.
32	Posen	.	.	.	.	.	.	.	.
33	Braunschweig	.	.	.	.	.	.	.	.
34	Cassel	308 077	322 013	332 442	329 973	342 535	1 635 040	327 008	2,89
35	Bochum	.	266 220	289 697	287 833	.	[17] 843 750	[17] 281 250	.
36	Crefeld	517 339	530 527	519 091	513 024	501 836	2 581 817	516 363	4,75
37	Plauen i. V.	130 905	140 119	164 127	162 642	189 796	787 589	157 518	1,76
38	Wiesbaden	335 013	347 220	361 620	356 038	356 544	1 754 535	350 907	3,75
39	Erfurt	.	275 396	285 909	285 256	285 797	[25] 1 132 358	[25] 283 089	.
40	Mülhausen i. Els.	.	.	.	.	.	.	.	.

Noch 7. **Ausgaben**

Lfde. Nr.	Gemeinde	1901	1902	1903	1904	1905	1901 bis 1905 zusammen	1901 bis 1905 durchschnittlich jährlich absolut	1901 bis 1905 durchschnittlich jährlich pro Kopf der mittleren Bevölkerung
		ℳ	ℳ	ℳ	ℳ	ℳ	ℳ	ℳ	ℳ
41	Mülheim (Ruhr)	.	.	178 903	301 273	300 108	[20] 780 284	[20] 260 095	.
42	Lübeck	213 298	232 465	232 588	236 720	240 064	1 155 135	231 027	2,66
43	Mainz	.	.	.	.	.	.	.	.
44	Görlitz	.	.	.	.	.	.	.	.
45	Darmstadt	.	.	.	.	.	.	.	.
46	Bonn	326 083	350 200	355 500	478 576	474 991	1 985 350	397 070	5,98
47	Münster i. W.	308 398	317 433	359 537	410 729	416 026	1 812 123	362 429	4,99
48	Würzburg	213 520	209 507	199 839	195 281	188 353	1 006 500	201 300	2,58
49	Hagen	308 384	369 676	360 023	354 867	359 258	1 752 208	350 442	5,47
50	Freiburg i. Br.	162 147	184 056	180 377	174 135	175 238	875 953	175 191	2,58
51	Ludwigshafen a. Rhein	104 098	137 538	149 011	160 257	196 753	747 657	149 531	2,23
52	Bielefeld	.	.	169 276	162 670	161 585	[20] 493 531	[20] 164 510	.
53	Zwickau	.	145 950	162 403	164 924	171 186	[25] 644 463	[25] 128 893	.
54	Königshütte	113 292	125 329	137 517	153 515	184 653	714 306	142 851	2,30
55	Remscheid	188 798	225 790	198 555	222 930	216 842	1 052 915	210 583	3,44
56	Frankfurt a. O.	.	.	.	.	.	.	.	.
57	Potsdam	226 679	240 064	238 604	250 371	247 657	1 203 375	240 675	3,97
58	Gleiwitz	.	.	114 852	124 149	.	239 001	[8] 119 500	.
59	M.-Gladbach	.	.	.	.	.	.	.	.
60	Fürth	.	.	.	.	.	.	.	.
61	Metz	.	.	.	.	.	.	.	.
62	Beuthen	.	.	.	.	.	.	.	.
63	Offenbach a. M.	.	.	.	.	.	.	.	.
64	Liegnitz	.	.	.	.	.	.	.	.
65	Pforzheim	.	.	.	157 701	153 527	[10] 311 228	[10] 155 614	.
66	Linden	.	.	.	.	.	.	.	.
67	Elbing	.	138 141	138 505	135 916	136 604	[25] 549 166	[25] 137 291	.
68	Dessau	.	.	171 456	175 941	176 558	[20] 523 955	[20] 174 651	.
69	Bromberg	.	.	.	.	.	.	.	.
70	Coblenz	.	.	.	.	.	.	.	.
71	Flensburg	.	.	179 664	192 834	191 904	[20] 564 402	[20] 188 134	.
72	Kaiserslautern	.	.	.	.	.	.	.	.
73	Oberhausen	.	.	.	.	.	.	.	.
74	Brandenburg a. d. Havel	80 768	87 352	105 258	94 154	105 641	473 173	94 635	1,88
75	Mülheim a. Rh.	130 897	145 297	150 783	150 825	142 822	720 624	144 125	3,01
76	Hildesheim	177 020	177 595	171 516	172 469	179 429	878 029	175 606	3,90
77	Gera	113 898	117 411	121 593	132 151	137 520	622 573	124 515	2,69
78	Cottbus	104 841	120 147	112 518	117 029	136 274	590 809	118 162	2,76
79	Halberstadt	159 507	179 550	172 240	181 163	183 096	875 556	175 111	3,96
80	Recklinghausen	81 313	88 674	.	108 072	114 718	[23] 392 777	[23] 98 194	.
81	Worms	111 229	137 011	165 487	148 889	141 803	704 419	140 884	3,33
82	Schwerin	144 288	165 467	165 860	168 049	174 632	818 296	163 659	4,08
83	Colmar i. E.	.	.	.	.	.	.	.	.
84	Rheydt	109 700	118 500	140 110	118 380	123 344	610 034	122 007	3,29
85	Heilbronn	.	.	.	.	.	.	.	.

überhaupt.

Lfde. Nr.	Gemeinde	1901	1902	1903	1904	1905	1901 bis 1905 zusammen	1901 bis 1905 durchschnittlich jährlich absolut	1901 bis 1905 durchschnittlich jährlich pro Kopf der mittleren Bevölkerung
		ℳ	ℳ	ℳ	ℳ	ℳ	ℳ	ℳ	ℳ
86	Altenburg	.	80 773	86 970	86 128	84 914	[25] 338 785	[25] 84 696	.
87	Malstatt-Burbach	54 305	63 685	.	78 982	80 374	[23] 277 346	[23] 69 336	.
88	Hamm	60 173	67 470	64 048	65 600	63 930	321 221	64 244	1,84
89	Landsberg a. W.	.	88 405	92 755	98 788	94 098	[25] 374 046	[25] 93 511	.
90	Gotha	.	.	.	.	125 521	[30] 125 521	[30] 125 521	.
91	Guben	91 075	93 345	94 084	96 737	93 895	469 136	93 827	2,69
92	Hof	.	.	.	.	.	.	.	.
93	Witten	70 515	81 924	84 915	87 831	96 115	421 300	84 260	2,43
94	Kattowitz	72 218	77 893	86 196	.	.	[11] 236 307	[11] 78 769	.
95	Eisenach	.	.	.	.	.	.	.	.
96	Bernburg	.	110 244	107 233	99 280	96 273	[25] 413 030	[25] 103 257	.
97	Zittau	59 808	65 686	66 165	67 345	69 949	328 953	65 791	2,00
98	Göttingen	96 000	91 230	95 970	112 950	.	[21] 396 150	[21] 99 037	.
99	Pirmasens	.	.	.	.	.	.	.	.
100	Forst	.	.	.	82 169	89 034	[10] 171 203	[10] 85 601	.
101	Altenessen	77 169	85 609	87 354	90 407	91 233	431 772	86 354	2,78
102	Meiderich	79 816	79 961	81 221	90 206	99 631	430 835	86 167	2,31
103	Ratibor	74 042	83 446	83 067	85 848	83 132	409 535	81 907	2,83
104	Neunkirchen	78 872	83 441	92 065	84 946	86 736	426 060	85 212	2,84
105	Thorn	.	.	.	.	115 865	[30] 115 865	[30] 115 865	.
106	Hanau	98 317	110 764	118 181	132 342	138 701	598 305	119 661	3,89
107	Wandsbek	75 568	84 173	85 659	78 856	85 937	410 193	82 039	2,76
108	Neumünster	.	.	.	.	.	.	.	.
109	Stolp i. P.	92 264	94 564	96 500	95 716	101 224	480 268	96 054	3,29
110	Weimar	.	35 460	36 996	37 300	40 029	[25] 149 785	[25] 37 446	.
111	Weißenfels	51 980	49 121	50 530	47 085	46 728	245 444	49 089	1,66
112	Freiberg i. S.	.	.	.	82 519	84 552	[10] 167 071	[10] 83 535	.
113	Oppeln	.	.	.	.	.	.	.	.
114	Zeitz	.	.	96 049	94 663	.	[8] 190 712	[8] 95 356	.
115	Schweidnitz	.	.	.	.	.	.	.	.
116	Nordhausen	106 287	108 858	113 049	111 982	114 368	554 544	110 908	3,80
117	Iserlohn	109 832	.	.	.	.	[26] 109 832	[26] 109 832	.
118	Lüdenscheid	.	.	.	.	.	.	.	.
119	Gießen	.	.	.	.	.	.	.	.
120	Insterburg	.	.	.	.	.	.	.	.
121	Herford	44 811	.	.	.	.	[26] 44 811	[26] 44 811	.
122	Oldenburg	.	.	.	.	.	.	.	.
123	Hörde	.	.	.	.	.	.	.	.
124	Aschersleben	.	.	.	.	.	.	.	.
125	Stargard i. P.	.	.	.	.	.	.	.	.
126	Minden	.	.	.	.	.	.	.	.
127	Reichenbach	52 017	.	51 887	54 673	54 592	[24] 213 169	[24] 53 292	.
128	Glauchau	49 014	51 749	53 975	53 168	.	[21] 207 906	[21] 51 976	.
129	Hohensalza	.	.	.	50 498	53 516	[10] 104 014	[10] 52 007	.
130	Greifswald	79 850	85 497	85 655	88 674	92 267	431 943	86 389	3,70

Tabelle III. **Die Ausgaben für geschlossene Armenpflege**

Lfde. Nr.	Gemeinde	A. Fürsorge in Anstalten für Kranke und Gebrechliche — Krankenhauspflege: Aufwand in kommunalen Anstalten ℳ	Krankenhauspflege: Zahlung an sonstige Kranken-anstalten ℳ	Krankenhauspflege: zusammen ℳ	Irren-pflege ℳ	Fürsorge für Gebrechliche ℳ
1	2	3	4	5	6	7
1	Berlin	.	.	.	.	.
2	Hamburg	606 142	103 917	710 059	555 486	205 201
3	München[1]	181 615	—	181 615	141 471	47 527
4	Dresden	109 778	12 232	122 010	58 058	18 815
5	Leipzig	162 558	22 720	185 278	[31,20] 590 485	[32,20] 8 609
6	Breslau	234 284	28 035	262 319	229 345	30 726
7	Cöln	691 828	37 062	708 890	185 951	62 475
8	Frankfurt a. M.[5]	346 575	80 113	426 689	274 267	69 512
9	Nürnberg[23]	43 426	5 434	48 861	82 266	30 472
10	Düsseldorf	59 362	95 881	155 242	81 068	30 032
11	Hannover	165 242	29 149	194 391	91 337	30 301
12	Stuttgart	115 418	15 049	130 467	17 385	14 433
13	Chemnitz[20]	180 999	—	180 999	23 561	25 416
14	Magdeburg	.	.	.	[34] 94 590	[35] 7 868
15	Charlottenburg	213 491	6 396	219 887	[38] 61 382	[39,25] 3 588
16	Essen	—	139 964	139 964	45 442	34 760
17	Stettin[10]	631 915	.	631 915	50 215	[29] 1 252
18	Königsberg i. Pr.	.	4 750	—	29 644	18 866
19	Bremen	120 734	67 728	188 462	[41,20] 199 374	[41,20] 60 968
20	Duisburg	—	41 770	41 770	42 642	
21	Dortmund	35 594	8 891	44 486	38 307	19 001
22	Halle a. S.	—	97 634	97 634	49 290	30 539
23	Altona	152 936	—	152 936	[42] 29 142	14 082
24	Kiel	[44] .	25 905	25 905	45 457	
25	Elberfeld	87 563	6 761	94 323	66 381	25 888
26	Mannheim	[25] 115 026	[25] 8 003	[25] 123 029	40 452	[25] 15 335
27	Danzig	.	10 572	.	64 895	8 774
28	Barmen	71 052	2 845	73 897	49 238	29 797
29	Rixdorf	27 029	40 875	67 904	[24] 25 725	[24] 6 298
30	Gelsenkirchen	—	33 894	33 894	43 898	.
31	Aachen[30]	82 368	22 402	104 770	109 282	26 924
32	Posen	[45] 74 762	812	75 574	[46,25] 63 112	[47,25] 971
33	Braunschweig	.	.	.	.	.
34	Cassel	7 476	3 291	10 767	29 521	18 345
35	Bochum	—	61 891	61 891	24 791	11 910
36	Crefeld	51 829	—	51 829	58 706	22 151
37	Plauen i. V.	26 887	13	26 900	15 629	7 160
38	Wiesbaden	75 847	4 413	80 261	24 330	7 949
39	Erfurt	[25] 35 686	[51] 2 790	[25] 38 391	40 232	15 571
40	Mülhausen i. E.[10]	412 694	[30] 358	412 873	7 663	18 958
41	Mülheim a. Ruhr	—	46 989	46 989	11 721	10 924
42	Lübeck	—	28 152	28 152	37 992	1 973

im Durchschnitt der Jahre 1901 bis 1905.

B. Fürsorge in Armen- und Versorgungsanstalten				Summe der Ausgaben für geschlossene Armenpflege	Lfde. Nr.
Siechen- und Armenhäuser			Arbeits- und Obdachlosenhäuser		
Nettoaufwand in eigenen Anstalten ℳ	Zahlung an andere Anstalten ℳ	zusammen ℳ	ℳ	ℳ	
8	9	10	11	12	13
.	.	.	.	.	1
529 474	49 773	579 247	—	2 049 993	2
354 140	—	354 140	8 163	732 916	3
112 264	398 074	510 338	81 630	790 851	4
234 720	—	234 720	35 427	957 383	5
410 171	2 099	412 270	13 018	947 678	6
88 658	25 770	114 428	9 037	1 100 781	7
38 309	—	38 309	15 090	823 867	8
—	[33] 98 701	98 701	12 724	273 024	9
191 356	—	191 356	33 009	490 707	10
58 251	12 978	71 229	13 753	401 011	11
135 645	3 054	138 698	37 833	338 817	12
—	—	—	22 846	252 822	13
[36] 39 260	—	39 260	[37] .	.	14
[40] 37 336	—	69 509	749	322 225	15
18 784	38 766	57 550	—	277 716	16
120 705	.	120 705	462	804 036	17
118 089	3 177	121 266	52	.	18
—	62 279	62 279	2 928	488 622	19
7 574	—	7 574	9 763	101 749	20
20 155	4 781	24 936	4 093	130 823	21
57 112	893	58 005	—	235 468	22
[43,25] 47 465	—	*[43,25] 47 465	[25] 15 841	[25] 264 658	23
[44] 209 390	—	209 390	—	280 752	24
85 832	5 122	90 954	—	277 546	25
—	21 954	21 954	6 946	[25] 211 018	26
.	76 326	.	[25] 34 035	.	27
—	49 231	49 231	—	202 163	28
29 639	30 669		1 057	130 360	29
22 703	.	22 703	—	.	30
190 007	4 270	194 277	.	435 253	31
37 596	1 614	39 210	2 090	170 524	32
.	.	.	.	.	33
45 763	269	46 032	.	104 665	34
[48] 11 825	633	12 458	—	111 050	35
6 121	13 485	19 606	1 934	154 226	36
[49] 26 862	—	26 862	[50] 2 313	78 864	37
—	7 475	7 475	11 984	131 999	38
22 621	3 929	26 551	—	[25] 124 464	39
94 424	7 345	101 770	1 658	542 922	40
14 442	8 293	22 735	223	92 592	41
18 159	102	18 261	43 300	129 678	42

Noch Tabelle III. **Die Ausgaben für geschlossene Armenpflege**

Lfde. Nr.	Gemeinde	A. Fürsorge in Anstalten für Kranke und Gebrechliche				
		Krankenhauspflege			Irren-pflege	Fürsorge für Gebrechliche
		Aufwand in kommunalen Anstalten ℳ	Zahlung an sonstige Kranken-anstalten ℳ	zusammen ℳ	ℳ	ℳ
1	2	3	4	5	6	7
43	Mainz	51 819	—	51 819	.	.
44	Görlitz	.	.	.	.	.
45	Darmstadt	31 496	—	31 496	[52] .	.
46	Bonn	—	63 676	63 676	33 633	22 337
47	Münster i. W.	40 047	11 558	51 605	33 614	10 287
48	Würzburg	[53] 17 112	754	[53] 17 866	24 034	1 357
49	Hagen	—	47 285	47 285	20 026	12 824
50	Freiburg i. Br.	29 958	6 832	36 789	13 711	[56] 2 674
51	Ludwigshafen a. Rh.	4 089	156	4 245	1 521	[58] 335
52	Bielefeld [25]	24 871	7 720	32 592	[20] 17 939	[20] 12 914
53	Zwickau [25]	20 143	125	20 268	10 597	3 024
54	Königshütte	16 163	4 182	20 345	7 937	4 743
55	Remscheid	17 810	3 024	20 834	15 322	11 774
56	Frankfurt a. O.	.	—	.	[61] 20 765	[62] .
57	Potsdam	34 394	—	34 394	16 540	9 239
58	Gleiwitz [20]	55 47	—	5 547	16 911	—
59	M.-Gladbach	—	30 912	30 912	20 002	11 917
60	Fürth [1]	10 827	1 879	12 706	12 664	2 634
61	Metz	[29] 44 893	[10] 1 800	[29] 47 106	[10] 10 299	[10] 411
62	Beuthen	7 343	17	7 360	11 099	
63	Offenbach a. M.	.	523	.	18 518	3 768
64	Liegnitz	.	622	.	14 455	
65	Pforzheim [24]	22 055	5 322	27 378	10 097	3 518
66	Linden	—	30 395	30 395	12 181	10 430
67	Elbing	11 334	1 965	13 299	11 328	2 479
68	Dessau	—	10 319	10 319	6 234	4 990
69	Bromberg	.	.	.	[25] 5 981	[25] 2 103
70	Coblenz	.	7 813	.	31 560	6 462
71	Flensburg [20]	11 242	.	11 242	16 392	
72	Kaiserslautern	—	7 100	7 100	2 983	2 778
73	Oberhausen	—	18 579	18 579	11 562	
74	Brandenburg a. H.	[66,26] 6 576	—	[26] 6 576	10 849	6 854
75	Mülheim a. Rh.	7 633	216	7 849	11 136	6 798
76	Hildesheim	23 872	—	23 872	12 716	5 265
77	Gera	7 213	—	7 213	11 166	5 575
78	Cottbus	4 078	366	4 444	9 599	3 958
79	Halberstadt	—	12 494	12 494	[8] 17 626	[8] 12 578
80	Recklinghausen	—	11 244	11 244	6 104	3 916
81	Worms	34 744	1 358	36 102	—	1 346
82	Schwerin	25 742	—	25 742	17 341	2 388
83	Colmar i. E.	.	.	.	.	1 528
84	Rheydt	7 810	—	7 810	[11] 3 137	[11] 1 713
85	Heilbronn	4 616	—	4 616	2 349	3 237
86	Altenburg [25]	—	14 104	14 104	18 105	822

Durchschnitt der Jahre 1901 bis 1905.

B. Fürsorge in Armen- und Versorgungsanstalten				Summe der Ausgaben für geschlossene Armenpflege	Lfde. Nr.
Siechen- und Armenhäuser			Arbeits- und Obdachlosenhäuser		
Nettoaufwand in eigenen Anstalten	Zahlung an andere Anstalten	zusammen			
ℳ	ℳ	ℳ	ℳ	ℳ	
8	9	10	11	12	13
.	89 520	89 520	1 309	.	43
.	.	.	.	.	44
64 290	—	64 290	—	.	45
28 064	8 119	36 183	841	156 670	46
87 963	4 221	92 183	542	188 231	47
[54] .	230	[54] 230	—	43 488	48
[55,25] 36 666	259	33 020	—	113 155	49
—	[57] 11 309	11 309	491	64 974	50
—	[59] 2 176	2 176	—	8 277	51
—	9 435	9 435	—	[20] 70 901	52
6 055	29	6 083	16 923	56 895	53
[60,10] 12 238	8 144	13 039	114	46 178	54
23 303	677	23 979	383	72 292	55
31 523	—	31 523	—	.	56
[63] 47 756	1 199	48 956	246	109 375	57
10 690	—	10 690	664	33 812	58
23 561	—	23 561	[64] 23	88 415	59
[26] 20 361	—	[26] 20 361	208	[26] 50 650	60
.	[10] 3 779	.	[10] 491	.	61
—	17 353	17 353	—	35 812	62
[65] 50 291	—	[65] 50 291	—	.	63
19 462	—	19 462	—	.	64
—	9 215	9 215	8 405	58 614	65
20 695	3 775	24 470	190	77 666	66
—	—	—	569	27 676	67
[20] 20 322	7 712	[20] 27 831	2 474	[20] 53 007	68
7 882	354	8 256	—	.	69
.	838	.	437	.	70
17 584	—	17 584	17 941	63 159	71
.	.	.	.	.	72
[30] 17 331	.	[30] 17 331	—	[30] 54 303	73
[67,25] 29 938	165	27 206	[66] .	46 225	74
[25] 11 552	27	11 857	—	37 640	75
49 848	214	50 062	—	91 915	76
14 534	7 365	21 899	—	45 853	77
8 497	103	8 600	41	26 642	78
—	592	592	10 858	52 963	79
6 382	159	6 542	—	27 806	80
—	17 827	17 827	60	55 335	81
11 669	2 900	14 568	—	60 039	82
.	.	.	.	.	83
—	7 892	7 892	—	21 230	84
10 368	—	10 368	1 522	22 092	85
[40,20] 492	3	1 251	—	34 282	86

Noch Tabelle III. **Die Ausgaben für geschlossene Armenpflege**

Lfde. Nr.	Gemeinde	A. Fürsorge in Anstalten für Kranke und Gebrechliche				
		Krankenhauspflege			Irren-pflege	Fürsorge für Gebrechliche
		Aufwand in kommunalen Anstalten ℳ	Zahlung an sonstige Kranken-anstalten ℳ	zusammen ℳ	ℳ	ℳ
1	2	3	4	5	6	7
87	Malstatt-Burbach [23]	5 519	190	5 709	2 457	868
88	Hamm	7 831	2 178	10 009	8 630	4 758
89	Landsberg a. W.	11 645	—	11 645	9 004	1 693
90	Gotha [22]	—	16 654	16 654	7 797	6 337
91	Guben	22 212	382	22 594	8 714	451
92	Hof	3 327	—	3 327	8 150	1 285
93	Witten	—	13 386	13 386	8 229	5 387
94	Kattowitz	12 858	2 597	15 455	8 147	—
95	Eisenach	[19] 1 913	443	[19] 2 492	4 335	571
96	Bernburg	—	11 217	11 217	9 050	1 740
97	Zittau	1 378	410	1 788	4 669	976
98	Göttingen	[21] 11 692	[21] 5 600	[21] 17 292	9 008	3 698
99	Pirmasens	.	.	.	.	.
100	Forst	10 345	424	10 769	13 093	
101	Altenessen	—	6 647	6 647	6 399	4 804
102	Meiderich	—	12 479	12 479	6 357	5 412
103	Ratibor	11 422	—	11 422	5 557	139
104	Neunkirchen	—	7 570	7 570	2 913	1 589
105	Thorn [24]	14 399	3 656	18 056	[15] 2 693	[15] 1 982
106	Hanau	—	9 622	9 622	13 566	3 224
107	Wandsbek	5 716	22	5 739	6 128	3 511
108	Neumünster [72]	939	434	1 373	3 386	
109	Stolp i. P.	2 644	330	2 973	3 833	4 749
110	Weimar	[25] 3 942	[25] 576	[25] 4 268	[25] 1 681	144
111	Weißenfels	912	569	1 481	7 173	4 812
112	Freiberg i. S.	6 636	68	6 704	2 118	4 299
113	Oppeln	[75] 10 125	[75] 1 273	11 398	[21] 3 162	[21] 1 848
114	Zeitz	4 853	256	5 109	[25] 12 783	[25] 973
115	Schweidnitz	.	.	.	[24] 9 501	
116	Nordhausen	5 097	—	5 097	6 646	4 872
117	Iserlohn [1]	—	31 050	31 050	2 796	2 980
118	Lüdenscheid [25]	13 399	—	13 399	4 470	—
119	Gießen [25]	—	15 732	15 732	97	1 366
120	Insterburg	—	5 804	5 804	923	611
121	Herford [2]	—	5 402	5 402	3 524	1 139
122	Oldenburg	.	.	7 132	9 107	[23] 1 469
123	Hörde [5]	—	14 378	14 378	3 026	1 192
124	Aschersleben	13 958	—	13 958	[21] 4 247	[21] 4 576
125	Stargard i. P.	2 640	32	2 672	2 554	3 632
126	Minden [28]	9 971	[5] 876	[28] 10 887	[5] 4 029	[5] 2 227
127	Reichenbach	1 043	851	1 895	4 152	1 811
128	Glauchau [21]	3 395	356	3 752	3 286	1 094
129	Hohensalza [80]	—	[81] 7 035	[81] 7 035	2 758	
130	Greifswald	842	8 315	9 157	870	598

im Durchschnitt der Jahre 1901 bis 1905.

B. Fürsorge in Armen- und Versorgungsanstalten.				Summe der Ausgaben für geschlossene Armenpflege	Lfde. Nr.
Siechen- und Armenhäuser			Arbeits- und Obdachlosenhäuser		
Nettoaufwand in eigenen Anstalten	Zahlung an andere Anstalten	zusammen			
ℳ	ℳ	ℳ	ℳ	ℳ	
8	9	10	11	12	13
—	3 419	3 419	23	12 476	87
10 047	177	10 224	—	33 621	88
[25] 3 685	1 030	[25] 4 717	—	[25] 26 741	89
[30] 18 375	—	[30] 18 375	—	[30] 48 156	90
21 215	—	21 215	1 216	54 190	91
465	—	465	—	13 227	92
[68] 9 490	2 768	12 258	[69] 7	39 267	93
3 821	—	3 821	—	27 423	94
6 162	—	6 162	—	[19] 13 080	95
3 140	5 531	8 679	—	30 686	96
[70] 11 589	25	11 614	[71] .	19 047	97
[21] 13 475	[21] 1 262	[21] 14 737	2 578	[21] 46 727	98
.	.	.	.	.	99
—	—	—	—	23 862	100
8 730	—	8 730	—	26 580	101
—	—	—	—	24 248	102
—	—	—	—	17 118	103
—	—	—	1 744	13 816	104
[4] 15 403	8	[4] 15 418	319	[4] 36 249	105
—	161	161	5 373	31 946	106
20 364	—	20 364	—	35 742	107
[73] 12 030	—	[73] 12 030	—	[74] 16 789	108
—	3 410	3 410	7 792	22 757	109
—	—	—	5 543	11 796	110
3 764	—	3 764	—	17 230	111
[20] 13 887	7 031	[20] 20 372	—	[20] 35 161	112
[76] .	—	.	—	16 911	113
12 420	—	12 420	—	[25] 31 532	114
.	.	.	.	.	115
[70] 23 568	—	[70] 23 568	[77] .	40 183	116
[78], [26] 18 136	—	[26] 18 136	2 256	[26] 55 032	117
—	—	—	—	17 869	118
[79] 3 137	3 822	6 960	—	24 155	119
4 155	—	4 155	—	11 493	120
—	6 000	6 000	—	16 065	121
—	—	—	12 030	[23] 30 564	122
—	—	—	—	18 596	123
7 929	—	7 929	—	31 074	124
1 217	—	1 217	—	10 075	125
[5] 3 373	—	[5] 3 373	—	[28] 20 342	126
5 726	—	5 726	343	13 927	127
—	7 570	7 570	123	15 825	128
—	—	—	—	9 793	129
—	90	90	18 450	29 165	130

Tabelle IV. **Die Ausgaben für Kinderpflege im**

Lfde. Nr.	Gemeinde	A. Vollständige Fürsorge			
		Aufwand in eigenen Anstalten ℳ	Zahlung an fremde Anstalten ℳ	Aufwand für in Familienpflege untergebrachte Kinder ℳ	zusammen ℳ
1	2	3	4	5	6
1	Berlin	[31] 273 088	1 071 314		1 344 402
2	Hamburg	360 211	20 463	363 948	744 622
3	München [1]	—	94 373	41 861	136 234
4	Dresden	129 976	7 961	138 844	276 781
5	Leipzig	40 626	13 994	212 454	267 074
6	Breslau	25 604	19 655	59 820	105 079
7	Cöln	157 712	15 817	54 058	227 587
8	Frankfurt a. M. [5]	12 569	104 117		116 686
9	Nürnberg [23]	38 405	22 415	30 325	91 145
10	Düsseldorf	57 115	9 628	22 742	89 486
11	Hannover	13 414	2 739	55 805	71 958
12	Stuttgart	651	14 425	11 135	26 211
13	Chemnitz [20]	76 533	2 795	16 395	95 723
14	Magdeburg	15 209	330	26 199	41 738
15	Charlottenburg	—	12 031	[34,20] 75 692	78 555
16	Essen	18 893	66 115		85 008
17	Stettin [10]	30 284	—	7 545	[37] 37 829
18	Königsberg i. Pr.	.	.	.	.
19	Bremen	—	4 871	[35,20] 69 730	70 736
20	Duisburg	22 820	15 165	[36] .	37 985
21	Dortmund	30 306	12 159	12 417	54 881
22	Halle a. S.	7 116	1 880	38 135	47 131
23	Altona	—	.	.	19 941
24	Kiel	—	2 803	38 005	40 807
25	Elberfeld	117 085	13 505	15 601	146 192
26	Mannheim	—	24 200	15 519	39 718
27	Danzig	11 599	42 864	27 768	82 232
28	Barmen	30 226	23 506	8 146	61 878
29	Rixdorf	.	.	.	34 403
30	Gelsenkirchen [10]	—	.	15 631	.
31	Aachen [30]	41 224	.	30 136	71 360
32	Posen	9 145	3 684	23 439	36 267
33	Braunschweig	.	.	.	.
34	Cassel	—	85	22 027	22 112
35	Bochum	[31] 5 119	11 101		16 220
36	Crefeld	3 525	32 175	11 482	47 184
37	Plauen i. V.	[40] .	5 468	10 843	16 311
38	Wiesbaden	—	21 927	7 590	29 517
39	Erfurt	—	7 035	[41] 5 318	12 352
40	Mülhausen i. E.	—	13 075	13 424	26 499
41	Mülheim a. Ruhr	—	[20] 12 108	[20] 7 834	16 056
42	Lübeck	—	1 618	10 556	12 174

Durchschnitt der Jahre 1901 bis 1905.

B. Ergänzende Fürsorge: Aufwand für					Summe der Ausgaben für Kinderpflege	Außerdem Zuschüsse an Vereine usw. für Kinderpflege	Lfde. Nr.
Unterbringung in Krippenbewahranstalten usw. ℳ	Unterbringung in Kinderheilstätten usw. ℳ	Schulspeisung ℳ	Bekleidung ℳ	zusammen ℳ	ℳ	ℳ	
7	8	9	10	11	12	13	14
.	.	.	.	.	.	.	1
9 684	32 398	13 533	58 847	114 463	859 085	.	2
—	—	18 027	[32] 25 601	43 628	179 862	19 767	3
6 445	495	—	—	6 940	283 721	.	4
32 987	—	—	—	[33] 58 411	325 485	[25] 40 000	5
—	4 619	400	—	5 019	110 098	.	6
—	4 303	—	8 983	13 286	240 873	.	7
—	3 302	—	—	3 302	119 988	13 365	8
1 974	11 127	—	3 437	16 538	107 683	3 212	9
400	16 594	4 657	4 278	25 929	115 415	[28] 4 000	10
16 902	670	—	—	17 572	89 550	.	11
940	560	—	—	1 499	27 710	6 600	12
—	—	—	—	—	95 723	11 464	13
1 326	9 842	—	7 523	18 692	60 430	[8] 500	14
2 405	10 446	—	—	12 850	91 405	26 929	15
—	1 325	1 602	—	2 927	87 935	480	16
9 060	2 008	—	—	11 069	48 898	29 500	17
.	.	.	.	.	.	.	18
1 063	1 994	—	—	3 057	73 793	.	19
—	40	—	—	40	38 025	.	20
16 488	[25] 500	1 404	160	[25] 18 989	[25] 76 414	12 000	21
1 001	4 551	4 327	—	9 858	56 989	12 874	22
420	—	—	—	420	20 361	[21] 18 000	23
—	—	—	—	—	40 807	1 650	24
—	—	—	—	—	146 192	6 357	25
—	2 933	15 207	3 755	21 896	61 614	[25] 4 951	26
—	289	—	6 962	7 252	89 484	.	27
—	—	—	—	—	61 878	2 000	28
—	[20] 2 778	—	—	2 107	36 510	.	29
—	—	—	—	—	15 631	.	30
—	—	—	—	—	71 360	.	31
.	.	.	.	[38] .	[39] 36 267	4 122	32
.	.	.	.	.	.	.	33
5 580	1 900	600		8 080	30 192	[29] 300	34
—	106	—	—	106	16 326	—	35
—	—	—	—	—	47 184	—	36
—	—	—	—	—	16 311	2 270	37
—	1 169	2 044	—	3 213	32 730	4 592	38
—	—	—	—	—	12 352	3 026	39
1 050	1 807	3 300	—	6 157	32 656	[12] 22 000	40
—	237	—	—	237	16 293	[20] 500	41
301	—	[42] 1 310	—	1 611	13 785	.	42

Noch Tabelle IV. **Die Ausgaben für Kinderpflege im**

Lfde. Nr.	Gemeinde	A. Vollständige Fürsorge			
		Aufwand in eigenen Anstalten ℳ	Zahlung an fremde Anstalten ℳ	Aufwand für in Familienpflege untergebrachte Kinder ℳ	zusammen ℳ
1	2	3	4	5	6
43	Mainz	—	2 367	8 673	11 040
44	Görlitz [20]	—	3 376		3 376
45	Darmstadt	—	9 321		9 321
46	Bonn	—	30 698	13 470	44 168
47	Münster i. W.	14 609	6 366	11 241	32 217
48	Würzburg	—	10 702	6 473	17 176
49	Hagen	[45] 37 052	8 887	2 688	48 627
50	Freiburg i. Br.	6 539	5 330	7 051	18 920
51	Ludwigshafen a. Rh.	—	4 724	5 402	10 125
52	Bielefeld [25]	—	2 867	4 574	7 441
53	Zwickau [25]	10 901	2 637	2 391	15 930
54	Königshütte	4 469	9 455	4 508	18 432
55	Remscheid	31 240	[11] 549	7 675	39 718
56	Frankfurt a. O.	38 001	—	13 202	51 204
57	Potsdam	[46] 2 425	4 045	9 438	15 908
58	Gleiwitz [20]	—	—	—	—
59	M.-Gladbach	—	10 915	10 847	21 762
60	Fürth [1]	—	8 707	3 472	12 179
61	Metz	—	[47,10] 4 751	.	.
62	Beuthen	[31] 11 761	1 312	2 249	15 322
63	Offenbach a. M.	.	123	11 347	[49] 11 470
64	Liegnitz	1 401	460	2 417	4 278
65	Pforzheim	[10] 9 939	[24] 233	[24] 10 475	[10] 20 643
66	Linden	—	1 482	24 615	26 098
67	Elbing	—	47	7 682	7 729
68	Dessau	1 320	7 908		7 227
69	Bromberg	—	1 211	9 931	11 142
70	Coblenz	—	13 979	4 107	18 086
71	Flensburg [20]	—	1 899	8 392	10 291
72	Kaiserslautern	—	234	4 123	4 357
73	Oberhausen	—	[30] 20 053	[22] 2 439	[30] 23 765
74	Brandenburg a. H.	[50] .	—	[51] 2 395	[51] 2 395
75	Mülheim a. Rh.	[50] .	8 670	[51] 2 151	[51] 10 820
76	Hildesheim	25 685	623	2 793	29 101
77	Gera	8 750	—	6 123	14 873
78	Cottbus	—	48	12 819	12 867
79	Halberstadt	540	1 059	7 777	9 576
80	Recklinghausen	—	5 464		5 464
81	Worms	—	—	4 523	4 523
82	Schwerin	—	2 509	10 923	13 431
83	Colmar i. E.	.	.	.	.
84	Rheydt	—	6 677		6 677
5	Heilbronn	3 596	3 082	3 508	10 185
6	Altenburg [25]	—	1 095	12 596	13 692

Durchschnitt der Jahre 1901 bis 1905.

B. Ergänzende Fürsorge: Aufwand für					Summe der Ausgaben für Kinderpflege	Außerdem Zuschüsse an Vereine usw. für Kinderpflege	Lfde. Nr.
Unterbringung in Krippenbewahranstalten usw.	Unterbringung in Kinderheilstätten usw.	Schulspeisung	Kleidung	zusammen			
ℳ	ℳ	ℳ	ℳ	ℳ	ℳ	ℳ	
7	8	9	10	11	12	13	14
—	—	3 567	[48] 2 928	6 496	17 536	.	43
.	.	.	.	.	3 376	.	44
.		.	.	.	.	.	45
1 629	2 494	—	[38] .	[44] 4 122	48 290	.	46
600	806	—	—	1 406	33 623	.	47
2 278	503	—	—	2 781	19 957	.	48
—	17	—	—	17	48 644	.	49
—	—	—	—	—	18 920	6 050	50
2 400	3 167	4 400	—	9 966	20 091	.	51
[20] 2 821	—	—	—	2 544	9 985	.	52
700	—	—	125	825	16 755	.	53
722	500	—	—	1 222	19 654	.	54
—	—	—	—	—	39 718	.	55
206	90	—	414	710	51 914	.	56
586	554	—	—	1 140	17 048	.	57
—	—	2 619	—	2 619	2 619	.	58
—	211	—	—	211	21 973	.	59
607	779	—	3 277	4 663	16 842	.	60
[10] 26 773	7 316	3 672	—	[10] 38 224	.	10 175	61
76	—	159	[48] 820	954	16 276	1 313	62
—	300	—	—	300	11 770	.	63
—	—	—	—	—	4 278	1 316	64
—	—	—	—	—	[10] 20 643	[20] 6 400	65
635	150	—	—	785	26 883	480	66
—	—	—	—	—	7 729	530	67
2 023	72	—	374	2 470	11 697	.	68
—	138	—	—	138	11 280	.	69
—	—	—	—	—	18 086	.	70
—	—	—	—	—	10 291	.	71
[11] 3 000	—	2 447	—	[11] 5 163	[11] 9 436	.	72
—	[23] 952	[26] 933	.	[23] 1 186	[30] 24 695	.	73
596	770	1 894	—	3 260	5 655	840	74
455	—	—	—	455	11 275	.	75
4 400	146	—	—	4 546	33 647	.	76
1 407	—	1 152	2 101	4 659	19 532	4 745	77
—	117	3	319	439	13 306	.	78
978	1 738	742	—	3 459	12 835	[10] 500	79
—	—	—	—	—	5 464	.	80
112	—	—	16	128	4 651	.	81
641	297	—	—	938	14 369	200	82
.	.	.	.	.	.	[25] 1 575	83
—	4 802	—	—	4 802	11 479	.	84
—	—	1 344	—	1 344	11 529	.	85
60	—	—	876	937	14 629	.	86

Noch Tabelle IV. **Die Ausgaben für Kinderpflege im**

Lfde. Nr.	Gemeinde	A. Vollständige Fürsorge. Aufwand in eigenen Anstalten ℳ	A. Vollständige Fürsorge. Zahlung an fremde Anstalten ℳ	A. Vollständige Fürsorge. Aufwand für in Familienpflege untergebrachte Kinder ℳ	A. Vollständige Fürsorge. zusammen ℳ
1	2	3	4	5	6
87	Malstatt-Burbach [23]	—	5 077	8 784	13 860
88	Hamm	—	2 077	1 214	3 291
89	Landsberg a. W.	—	—	10 015	10 015
90	Gotha [22]	—	[52] 4 262	2 773	7 035
91	Guben	—	1 525	5 348	6 873
92	Hof	1 419 (Sp. 3 u. 4 zusammen)		3 601	5 020
93	Witten	—	4 020	2 257	[53] 6 277
94	Kattowitz	—	6 706	4 741	11 447
95	Eisenach	—	[25] 392	4 781	[25] 5 328
96	Bernburg	—	1 002	6 908	7 910
97	Zittau	—	4 068	2 774	6 843
98	Göttingen.	—	—	4 047	4 047
99	Pirmasens [29]	—	7 422	1 347	8 769
100	Forst	—	[23] 6 021	[23] 8 014	13 659
101	Altenessen	8 095	—	597	8 692
102	Meiderich	—	4 786 (Sp. 4 u. 5 zusammen)		4 786
103	Ratibor.	—	88	5 510	5 598
104	Neunkirchen	—	11 456	3 161	14 617
105	Thorn	[24] 17 082	[24] 4	—	[24] 17 087
106	Hanau	—	45	9 076	9 121
107	Wandsbek	—	—	5 876	5 876
108	Neumünster [54]	[30] 4 813	1 682	8 227	[30] 12 850
109	Stolp i. P..	—	857	[55] .	[55] 857
110	Weimar	—	356	1 547	1 903
111	Weißenfels	—	464	3 819	4 285
112	Freiberg i. S.	[20] 5 409	2 004	5 286	[20] 13 050
113	Oppeln.	—	9 803 (Sp. 4 u. 5 zusammen)		9 803
114	Zeitz	—	—	8 792	8 792
115	Schweidnitz	—	4 273	[25] 6 427	[25] 10 689
116	Nordhausen	12 855	2 805	1 656	17 317
117	Iserlohn [1].	[46,26] 4 589	5 408	608	[26] 10 958
118	Lüdenscheid [25]	—	8 626	432	9 058
119	Gießen [25].	—	225	9 709	[56] 9 934
120	Insterburg	.	.	.	.
121	Herford [2]	—	3 802	1 224	5 026
122	Oldenburg	—	70	6 841	6 911
123	Hörde [5].	—	1 012	3 784	4 796
124	Aschersleben	[30] 8 604	—	—	[30] 8 604
125	Stargard	—	97	7 527	7 624
126	Minden.	.	[5] 1 078	[27] 3 054	[27] 4 091
127	Reichenbach	4 847	—	[24] 1 449	[24] 6 698
128	Glauchau [21]	—	5 448	386	5 834
129	Hohensalza [20]	—	3 010 (Sp. 4 u. 5 zusammen)		3 010
130	Greifswald	—	376	9 064	9 440

Durchschnitt der Jahre 1901 bis 1905.

B. Ergänzende Fürsorge: Aufwand für					Summe der Ausgaben für Kinderpflege	Außerdem Zuschüsse an Vereine usw. für Kinderpflege	Lfde. Nr.
Unterbringung in Krippenbewahranstalten usw. ℳ	Unterbringung in Kinderheilstätten usw. ℳ	Schulspeisung ℳ	Kleidung ℳ	zusammen ℳ	ℳ	ℳ	
7	8	9	10	11	12	13	14
—	18	—	201	219	14 079	.	87
—	50	360	—	409	3 700	.	88
—	—	—	—	—	10 015	.	89
—	3668	50	—	3718	10 753	.	90
350	291	—	—	641	7 514	.	91
—	—	—	—	—	5 020	.	92
—	—	—	—	—	6 277	.	93
8	8	—	872	889	12 336	[11] 800	94
[25] 1 492	113	350	—	[25] 2044	[25] 7 372	[25] 225	95
1 500	—	—	—	1500	9 410	.	96
—	480	29	—	509	7 352	[11] 909	97
709	140	1171	80	2100	6 147	[30] 2760	98
—	—	—	—	—	8 769	.	99
—	162	—	—	162	13 821	.	100
—	1037	7	—	1044	9 736	10	101
—	—	—	—	—	4 786	.	102
566	126	—	1278	1969	7 567	1082	103
—	—	—	—	—	14 617	.	104
[24] 360	—	—	[4] 1208	[4] 1448	[4] 18 952	.	105
7 873	651	—	[38] —	[44] 8524	17 645	.	106
89	—	—	—	89	5 965	.	107
—	—	—	—	—	[20] 12 850	.	108
3 169	360	—	—	3529	4 386	.	109
1 047	—	—	56	1102	3 005	.	110
1 142	538	—	295	1976	6 261	[1] 734	111
633	47	—	977	1658	[20] 14 306	1002	112
[24] 585	77	434	104	[24] 1128	[24] 11 212	.	113
7 520	314	—	—	7834	16 626	63	114
54	—	139	—	193	[25] 10 930	900	115
—	—	—	—	—	17 317	3700	116
75	99	—	—	174	[26] 11 000	400	117
—	1248	—	—	1248	10 306	.	118
—	—	—	—	—	9 934	.	119
.	.	.	.	.	.	.	120
—	—	—	—	—	5 026	.	121
—	492	—	114	606	7 517	.	122
—	—	—	—	—	4 796	.	123
—	180	—	—	180	[30] 8 904	.	124
3	—	180	—	183	7 807	.	125
—	—	—	[5] 707	[5] 707	[27] 4 793	.	126
—	—	—	—	—	[24] 6 698	.	127
—	—	—	—	[57] 1022	6 856	.	128
—	—	—	—	—	3 010	[2] 350	129
—	30	—	—	30	9 470	[20] 1672	130

Tabelle V[1]). **Die Ausgabe für offene Armenpflege im Durchschnitt**

Lfde. Nr.	Gemeinde	Barunterstützungen laufende ℳ	Barunterstützungen einmalige ℳ	Barunterstützungen überhaupt ℳ	Natural-unter-stützungen ℳ	Offene Kranken-pflege ℳ	Sonstige Kosten ℳ	Offene Armen-pflege überhaupt ℳ
1	2	3	4	5	6	7	8	9
1	Berlin	3,76	0,41	4,17	0,25	0,18	0,04	4,64
2	Hamburg	2,66	0,05	2,71	0,13	0,17	0,08	3,09
4	Dresden	1,43	0,27	1,70	0,19	0,11	0,04	2,04
5	Leipzig	1,35	0,11	1,46	0,23	0,07	0,01	1,77
6	Breslau	1,54	0,10	1,64	0,22	0,13	0,02	2,01
7	Cöln	1,24	0,07	1,31	0,03	0,13	0,03	1,50
10	Düsseldorf . . .	1,50	0,05	1,55	0,13	0,20	0,04	1,92
11	Hannover . . .	0,39	0,15	0,54	0,15	0,09	0,04	0,82
12	Stuttgart . . .	0,57	0,02	0,59	0,23	0,09	0,02	0,93
14	Magdeburg . . .	1,02	0,12	1,14	0,21	0,15	0,03	1,53
15	Charlottenburg .	1,74	0,19	1,93	0,24	0,29	0,05	2,51
16	Essen	.	.	1,73	0,05	0,15	0,04	1,97
18	Königsberg i. Pr.	1,19	.	.	0,09	0,16	0,03	.
19	Bremen	.	.	1,13	0,34	0,21	0,21	1,89
20	Duisburg . . .	.	.	1,16	0,03	0,08	0,03	1,30
21	Dortmund . . .	0,84	0,02	0,86	0,05	0,07	0,04	1,02
22	Halle a. S. . .	1,20	0,15	1,35	0,34	0,12	0,06	1,86
23	Altona	0,97	0,01	0,98	0,02	0,08	0,04	1,12
24	Kiel	1,48	0,14	1,62	0,27	0,09	0,04	2,02
26	Mannheim . . .	.	.	1,30	0,31	0,13	0,10	1,84
27	Danzig	1,12	0,33	1,45	0,06	0,22	0,11	1,84
28	Barmen	0,94	0,02	0,96	0,01	0,08	0,04	1,09
29	Rixdorf	0,62	0,06	0,68	0,01	0,06	0,08	0,83
30	Gelsenkirchen . .	.	.	.	.	0,09	.	.
32	Posen	1,38	0,05	1,43	0,24	0,17	0,08	1,92
34	Cassel	.	.	0,80	0,30	0,06	0,05	1,21
35	Bochum	0,12	0,01	0,13	0,00	0,01	0,01	0,15
36	Crefeld	2,16	.	2,16	0,11	0,13	0,01	2,42
37	Plauen i. V. . .	0,33	0,01	0,34	0,02	0,05	0,02	0,43
38	Wiesbaden . . .	.	.	.	0,22	0,15	0,13	.
39	Erfurt	0,86	0,09	0,95	0,15	0,07	0,02	1,19
40	Mülhausen i. E.	0,30	0,01	0,31	0,49	0,13	0,05	.
41	Mülheim a. Ruhr	0,81	0,29	1,10	0,08	0,12	0,02	1,32
42	Lübeck	0,36	.	0,36	0,23	0,06	0,03	0,68
43	Mainz	0,84	0,02	0,86	0,10	0,11	0,03	1,10
44	Görlitz	1,24	0,09	1,33	0,11	.	0,06	.
45	Darmstadt . . .	1,20	0,10	1,30	0,20	0,21	0,09	1,80
46	Bonn	1,34	0,45	1,79	0,37	0,19	0,04	2,39
47	Münster i. W. .	1,14	0,08	1,22	0,04	0,15	0,04	1,45
48	Würzburg . . .	1,26	0,03	1,29	0,23	0,09	0,02	1,63
49	Hagen	2,10	0,03	2,13	0,19	0,15	0,06	2,53
50	Freiburg i. Br. .	.	0,30	.	0,10	0,08	0,02	.
51	Ludwigshafen a. Rhein . . .	0,32	0,17	0,49	0,43	0,51	0,04	1,47

[1]) Berechnet auf Grund der absoluten Zahlen von Tabelle II.

der Jahre 1901 bis 1905 auf den Kopf der Bevölkerung.

Lfde. Nr.	Gemeinde	Barunterstützungen laufende ℳ	Barunterstützungen einmalige ℳ	Barunterstützungen überhaupt ℳ	Natural-unter-stützungen ℳ	Offene Kranken-pflege ℳ	Sonstige Kosten ℳ	Offene Armen-pflege überhaupt ℳ
1	2	3	4	5	6	7	8	9
54	Königshütte	0,87	0,03	0,90	0,03	0,04	0,04	1,01
55	Remscheid	0,81	0,02	0,83	0,19	0,13	0,03	1,18
56	Frankfurt a. O.	0,68	0,07	0,75	0,12	0,13	0,01	1,01
57	Potsdam	1,19	0,06	1,25	0,08	0,11	0,02	1,46
59	M.-Gladbach	.	.	1,79	0,07	0,20	0,08	2,14
61	Metz	.	.	0,47	0,69	0,19	0,01	1,36
62	Beuthen	0,64	0,02	0,66	0,03	0,08	0,04	0,81
63	Offenbach a. M.	1,50	0,14	1,64	0,20	0,11	0,03	1,98
64	Liegnitz	0,83	0,02	0,85	0,01	0,06	0,01	0,93
66	Linden	0,82	0,05	0,87	0,34	0,12	0,03	1,36
67	Elbing	1,19	0,10	1,29	0,05	0,13	0,02	1,49
68	Dessau	1,32	0,11	1,43	0,11	0,16	0,03	1,73
69	Bromberg	1,28	0,11	1,39	0,03	0,15	0,09	1,66
70	Coblenz	1,14	0,03	1,17	0,28	0,12	0,03	1,60
72	Kaiserslautern	.	.	0,75	0,12	0,11	0,02	1,00
73	Oberhausen	.	.	1,00	0,06	0,14	0,04	1,24
74	Brandenburg a. Havel	0,43	0,00	0,43	0,00	0,06	0,01	0,51
75	Mülheim a. Rh.	1,47	0,00	1,47	0,03	0,10	0,02	1,62
76	Hildesheim	0,35	0,18	0,53	0,06	0,06	0,02	0,67
77	Gera	.	.	.	0,06	0,05	0,05	.
78	Cottbus	.	.	.	0,06	0,21	0,03	.
79	Halberstadt	1,39	0,03	1,42	0,24	0,26	0,07	1,99
80	Recklinghausen	.	.	.	0,23	0,08	0,08	.
81	Worms	1,03	0,20	1,23	0,11	0,14	0,07	1,55
82	Schwerin	.	.	.	0,20	0,15	0,02	.
83	Colmar i. E.	0,87	0,11	0,98	0,65	0,18	0,07	1,88
84	Rheydt	1,48	0,14	1,62	0,25	0,17	0,02	2,06
85	Heilbronn	.	.	0,67	0,08	0,11	0,00	0,86
88	Hamm	0,24	0,04	0,28	0,14	0,08	0,02	0,52
89	Landsberg a. W.	.	.	0,84	0,10	0,07	0,04	1,05
91	Guben	0,65	0,02	0,67	0,02	0,07	0,02	0,78
92	Hof	0,57	0,12	0,69	0,11	0,05	0,00	0,85
93	Witten	.	.	0,49	0,17	0,11	0,04	0,81
94	Kattowitz	0,88	0,11	0,99	0,03	.	0,05	.
95	Eisenach	0,43	0,06	0,49	0,34	0,07	0,03	0,93
96	Bernburg	1,27	0,06	1,33	0,09	0,14	0,02	1,58
97	Zittau	0,63	0,08	0,71	0,07	0,07	0,07	0,92
98	Göttingen	.	.	.	0,21	0,15	0,03	.
100	Forst	0,94	0,01	0,95	0,06	0,06	0,04	1,11
101	Altenessen	0,80	0,10	0,90	0,04	0,14	0,04	1,12
102	Meiderich	.	.	1,09	.	0,10	0,03	1,21
103	Ratibor	1,15	0,20	1,35	0,05	0,14	0,07	1,61
104	Neunkirchen	1,11	0,11	1,22	0,21	0,21	0,04	1,68
106	Hanau	0,97	0,06	1,03	0,42	0,10	0,08	1,63
107	Wandsbek	0,88	0,00	0,88	0,07	0,04	0,05	1,04
108	Neumünster	1,00	0,00	1,00	0,02	0,10	0,10	1,22
109	Stolp i. P.	1,64	0,03	1,67	0,07	0,17	0,05	1,96

Noch Tabelle V. **Die Ausgaben für offene Armenpflege im Durchschnitt der Jahre 1901 bis 1905 auf den Kopf der Bevölkerung.**

Lfde. Nr.	Gemeinde	Barunterstützungen			Natural-unter-stützungen	Offene Kranken-pflege	Sonstige Kosten	Offene Armen-pflege überhaupt
		laufende ℳ	einmalige ℳ	überhaupt ℳ	ℳ	ℳ	ℳ	ℳ
1	2	3	4	5	6	7	8	9
110	Weimar	.	.	.	0,21	0,05	0,01	.
111	Weißenfels . .	0,43	0,00	0,43	0,21	0,03	0,03	0,70
112	Freiberg i. S. .	0,65	0,04	0,69	0,03	0,09	0,03	0,84
113	Oppeln	1,09	0,02	1,11	.	0,08	0,03	.
114	Zeitz	.	.	.	0,20	0,08	0,01	.
115	Schweidnitz . .	.	.	.	.	0,16	.	.
116	Nordhausen . .	.	.	1,13	0,10	0,13	0,04	1,40
120	Insterburg . .	0,79	0,14	0,93	0,06	0,10	0,05	1,14
122	Oldenburg. . .	.	.	0,17	0,21	0,06	0,05	0,49
124	Aschersleben . .	.	.	.	0,08	0,13	0,04	.
125	Stargard i. P.	0,80	0,08	0,88	0,00	0,06	0,03	0,97
127	Reichenbach . .	0,48	0,03	0,51	0,02	0,09	0,01	.
129	Hohensalza . .	.	.	1,16	0,08	0,10	0,06	1,40
130	Greifswald . .	0,98	0,02	1,00	0,44	0,06	0,04	1,54

Anmerkungen zu den Tabellen.

Die beim Namen der Gemeinde angebrachten Ziffern bedeuten Anmerkungen, welche für alle Angaben, abgesehen von den mit anderen Ziffern versehenen, gelten.

Tabelle I.

[1] Die Angaben beziehen sich auf die Jahre 1901 und 1902.
[2] " " " " " " " 1901 " 1903.
[3] " " " " " " " 1901 " 1904.
[4] " " " " " " " 1901 " 1905.
[5] " " " " " " " 1902 " 1903.
[6] " " " " " " " 1902 " 1904.
[7] " " " " " " " 1902 " 1905.
[8] " " " " " " " 1903 " 1904.
[9] " " " " " " " 1903 " 1905.
[10] " " " " " " " 1904 " 1905.
[11] " " " " " " " 1901, 1902 und 1903.
[12] " " " " " " " 1901, 1902 " 1904.

13 Die Angaben beziehen sich auf die Jahre 1901, 1902 und 1905.
14 „ „ „ „ „ „ „ 1901, 1903 „ 1904.
15 „ „ „ „ „ „ „ 1901, 1903 „ 1905.
16 „ „ „ „ „ „ „ 1901, 1904 „ 1905.
17 „ „ „ „ „ „ „ 1902, 1903 „ 1904.
18 „ „ „ „ „ „ „ 1902, 1903 „ 1905.
19 „ „ „ „ „ „ „ 1902, 1904 „ 1905.
20 „ „ „ „ „ „ „ 1903, 1904 „ 1905.
21 „ „ „ „ „ „ „ 1901, 1902, 1903 und 1904.
22 „ „ „ „ „ „ „ 1901, 1902, 1903 „ 1905.
23 „ „ „ „ „ „ „ 1901, 1902, 1904 „ 1905
24 „ „ „ „ „ „ „ 1901, 1903, 1904 „ 1905.
25 „ „ „ „ „ „ „ 1902, 1903, 1904 „ 1905.
26 „ „ „ „ „ das Jahr 1901.
27 „ „ „ „ „ „ „ 1902.
28 „ „ „ „ „ „ „ 1903.
29 „ „ „ „ „ „ „ 1904.
30 „ „ „ „ „ „ „ 1905.

Tabelle II.

1 bis 20 Vgl. die Anmerkungen zu Tabelle I.

31 Darunter Beträge zur Aushilfe für aus dem städtischen Obdach entlassene Familien (1901: 34908 ℳ, 1902: 31439 ℳ, 1903: 23358 ℳ, 1904: 17499 ℳ, 1905: 17052 ℳ).

32 Einschließlich der Beträge zur Verwendung in außerordentlichen Fällen usw. (1902: 39346 ℳ, 1903: 12170 ℳ).

33 Die Ausgaben für Milch sind bei den Arzneien verrechnet.

34 Einschließlich der Ausgaben für Milch.

35 1901: 4603 ℳ, 1902: 7500 ℳ (geschätzter Betrag).

36 Einschließlich der Kosten der Kleidung für Irre und Gebrechliche, sowie für Kinder in Familienpflege.

37 Einschließlich der Kosten für in Familienpflege untergebrachte Kinder.

38 Einschließlich der Kosten für Brot, Milch usw.

39 Nur für Suppe; vorst. Anmerkung 38.

40 Einschließlich der Beerdigungs-, Reisekosten usw.

41 In den Barunterstützungen mitenthalten.

42 Einschließlich der Kosten der Unterbringung in Kinderheilstätten usw.

43 Einschließlich der Kosten für Nahrungsmittel.

44 Die Kosten für Nahrungsmittel sind bei den laufenden Barunterstützungen mitenthalten.

45 Einschließlich der Kleidungskosten der Fürsorgezöglinge.

46 Einschließlich der Kosten für die am Ort in Familienpflege untergebrachten Kinder.

47 Einschießlich der in den vorhergehenden Spalten nicht nachgewiesenen Beträge für Unterstützung fremder Staatsangehöriger (1902: 36580 ℳ, 1903: 40198 ℳ, 1904: 43369 ℳ, 1905; 35280 ℳ).

48 Ausschließlich der Bekleidungkosten für Konfirmanden, welche bei der Kinderpflege verrechnet sind.

49 Darunter 2806 M (1905) für besondere Maßregeln zur Bekämpfung der Lungentuberkulose.

50 Einschließlich Schulbekleidung.

51 Einschließlich der Pflegegelder für die bei einem Elternteil untergebrachten Kinder.

52 Ausschließlich des Werts der jährlich als Geschenk überwiesenen 30000 Briketts.

53 Einschließlich der Ausgaben für Nahrungsmittel und Heizmaterial.

54 Ohne die Ausgaben für Nahrungsmittel und Heizmaterial, welche bei den Barunterstützungen mitenthalten sind.

55 Ohne die bei den allgemeinen Verwaltungskosten verrechneten Reise- und Transportkosten.

56 1904 und 1905 einschließlich der Kosten für Brotverteilung.

57 Darunter auch Beihilfen aus Stiftungsmitteln an kinderreiche Familien (1903: 1995 M, 1904: 1860 M, 1905: 1935 M).

58 1904 und 1905 sind die Kosten für Brotverteilung bei den laufenden Barunterstützungen mitenthalten.

59 Einschließlich Geschenke an verschämte Arme (1903: 6044 M, 1904: 10759 M, 1905: 3936 M).

60 1903 und 1904 einschließlich Schulbekleidung.

61 Gesamtarmenverband Neumünster, bestehend aus der Stadt Neumünster und 15 Landgemeinden.

62 Ausschließlich des Werts der als Geschenk überwiesenen Preßkohlen (1901: 45000, 1902: 45000, 1903: 55000, 1904: 25000, 1905: 25000 Stück).

63 Einschließlich der Kosten für vollständige Kinderfürsorge.

64 Ohne die Personen mit auswärtigem Unterstützungswohnsitz.

65 Einschließlich der Zahlungen an auswärtige Armenverbände.

Tabelle III.

1 bis 30 Vergl. die Anmerkungen zu Tabelle I.

31 Einschließlich der Kosten für Epileptiker.

32 Ausschließlich der Kosten für Epileptiker, welche bei der Irrenpflege verrechnet sind.

33 Städtischer Zuschuß an das St. Sebastian-Spital.

34 Einschließlich der Ausgaben für Epileptiker und Idioten.

35 Ausschließlich der bei der Irrenpflege verrechneten Kosten für Epileptiker und Idioten.

36 Einschließlich der Kosten der Fürsorge im Arbeitshaus.

37 Die Kosten für das Arbeitshaus sind bei den Siechen- und Armenhäusern verrechnet.

38 Einschließlich der Kosten für Gebrechliche, ausschließlich Krüppel.

39 Ausschließlich der Kosten für Epileptiker, Idioten, Blinde und Taubstumme, welche bei der Irrenpflege mitenthalten sind.

40 Ausschließlich des Verwaltungsaufwandes.

41 Ausschließlich der bei der offenen Armenpflege verrechneten Kosten für Kleidung von Irren und Gebrechlichen.

42 Einschließlich Siechenhauspflege.

43 Ohne Siechenhauspflege, welche bei der Irrenpflege verrechnet ist.

44 Die Verpflegungskosten im Krankenhaus sind bei den Siechen- und Armenhäusern mitenthalten.

[45] Einschließlich der in kommunalen Anstalten verpflegten Irren.

[46] Ohne die in kommunalen Anstalten verpflegten Irren (vergl. Anmerkung [45]), aber einschließlich der Kosten für Epileptiker, Idioten und Blinde.

[47] Die Kosten für Epileptiker, Idioten und Blinde sind bei der Irrenpflege verrechnet.

[48] Ohne Verwaltungsaufwand der Bochumer Anstalt, für 1905 aber einschließlich des durch Rechnung festgestellten Verwaltungsaufwandes für das Armenhaus Wiemelhausen.

[49] Einschließlich der Kosten für das Arbeits- und Obdachlosenhaus.

[50] Ohne die Kosten für das eigene Armen- und Obdachlosenhaus (vergl. Anmerkung [49]).

[51] Einschließlich jährlich 570 *M* Zuschuß an die Hebammenlehranstalt.

[52] Die Kosten trägt der Kreis.

[53] Einschließlich Armenhauspflege. Ortsarme finden im Erkrankungsfalle im Julius-Hospital auf Stiftungskosten Behandlung und Pflege.

[54] Ohne die bei der Krankenhauspflege verrechneten Kosten für Armenhauspfleglinge.

[55] Einschließlich der Kosten für Verzinsuug und Tilgung des Hausbaukapitals sowie der inneren Einrichtung des neuen Pflegehauses.

[56] Ausschließlich der Verpflegungskosten der in der Kreispflegeanstalt untergebrachten Gebrechlichen, welche bei den Siechen- und Armenhäusern verrechnet sind.

[57] Einschließlich der Verpflegungskosten der in der Kreispflegeanstalt untergebrachten Gebrechlichen.

[58] Einschließlich der Kosten für im Kreis-Siechen- und Armenhaus untergebrachte Epileptiker, Idioten und Krüppel.

[59] Vergl. Anmerkung [58].

[60] Einschließlich Kinderheim.

[61] Einschließlich Gebrechlichenfürsorge.

[62] Die Kosten für Gebrechliche sind bei der Irrenpflege verrechnet.

[63] Einschließlich des Verwaltungsaufwandes der Anstalt für Kinderpflege.

[64] Nächtliches Obdach.

[65] Städtischer Zuschuß zum Betriebe des Versorgungshauses, in welchem auch Kinder untergebracht sind.

[66] Bei den Siechen- und Armenhäusern verrechnet.

[67] Einschließlich der Kosten für das Arbeitshaus, für Krankenhauspflege und für Anstaltspflege der Kinder.

[68] Einschließlich der Kosten für Verpflegung kranker Kinder. Die Anstalt — städtisches Pflegehaus — wurde am 3. Dezember 1901 eröffnet.

[69] Exmittiertenhaus.

[70] Einschließlich des Arbeitshauses.

[71] Das Arbeitshaus ist mit dem Armenhaus verbunden, vergl. Anmerkung [70].

[72] Gesamtarmenverband Neumünster, bestehend aus der Stadt Neumünster und 15 Landgemeinden.

[73] Einschließlich der Kosten für die im Armenhaus untergebrachten Kinder.

[74] Außerdem sonstige bei den einzelnen Anstaltsarten nicht nachgewiesene Kosten der geschlossenen Armenpflege (1901: 1235 *M*, 1902: 924 *M*, 1903: 645 *M*, 1904: 1342 *M*, 1905: 1928 *M*).

[75] Bis zum Jahre 1904: einschließlich Siechenhausfürsorge; 1905 wurde das Krankenhaus aufgelöst, die Kosten erscheinen daher im Jahre 1905 unter Zahlungen an sonstige Krankenanstalten.

[76] Die Kosten für Siechenhausfürsorge sind bei der Krankenhauspflege mitenthalten vergl. Anmerkung [75].

[77] Bei den Siechen- und Armenhäusern mitenthalten.

[78] Einschließlich des Verwaltungsaufwandes der Anstalt für Kinderpflege.

[79] Das Hospital wurde im Jahre 1903 aufgelöst.

[80] Ohne die Personen mit auswärtigem Unterstützungswohnsitz.

[81] Einschließlich der Zahlungen an auswärtige Armenverbände.

Tabelle IV.

[1] bis [30] Vergl. die Anmerkungen zu Tabelle I.

[31] Ohne Verwaltungsaufwand.

[32] Einschließlich Weihnachtsbescherung.

[33] Einschließlich der Ausgaben für Ziehkinderpflege (1901: 18412 ℳ, 1902: 20779 ℳ, 1903: 23721 ℳ, 1904: 25304 ℳ, 1905: 38906 ℳ).

[34] Ausschließlich der Kosten für Kleidung, Arznei und ärztliche Behandlung, welche bei der offenen Armenpflege verrechnet sind.

[35] Ausschließlich der Kosten für Kleidung, welche bei der offenen Armenpflege verrechnet sind.

[36] Bei der offenen Armenpflege (Barunterstützungen) mitgerechnet.

[37] Ohne den Aufwand für in Familienpflege untergebrachte Kinder, vergl. Anmerkung [36].

[38] Bei der offenen Armenpflege mitgerechnet.

[39] Ohne die Kosten für die ergänzende Fürsorge, vgl. Anmerkung [28].

[40] Bei der geschlossenen Armenpflege verrechnet.

[41] Für die in auswärtiger Familienpflege untergebrachten Kinder. Die Kosten für die in Familienpflege am Ort untergebrachten Kinder sind bei der offenen Armenpflege (laufende Barunterstützungen) nachgewiesen. Für 1905 sind 2345 ℳ eingerechnet für Beaufsichtigung der unehelichen Zieh- und Haltekinder.

[42] 1901—1904 beziehen sich die Kosten auf Speisung der Kinder in den Warteschulen.

[43] Einschließlich Bekleidungskosten für Konfirmanden.

[44] Ohne die Kosten für Schulbekleidung, vgl. Anmerkung [38].

[45] Einschließlich der Kosten für Verzinsung und Tilgung des Hausbaukapitals und für die Unterhaltung des neuen Pflegehauses.

[46] Ohne Verwaltungsaufwand, welcher bei der geschlossenen Armenpflege (Siechen- und Armenhaus) verrechnet ist.

[47] Einschließlich der Pflichtbeiträge zum Unterhalt der unterstützten Kinder (1904: 2240 ℳ, 1905: 2067 ℳ).

[48] Einschließlich des Aufwandes für Kommunikanten und Konfirmanden.

[49] Ohne die Kosten für die im Versorgungshaus untergebrachten Kinder.

[50] Bei der geschlossenen Armenpflege (Siechen- und Armenhäuser) mitenthalten.

[51] Ohne die Kosten für die im Armenhaus untergebrachten Kinder.

[52] Einschließlich der Kosten für Zwangserziehung (1901: 4092 ℳ, 1902: 4581 ℳ, 1903: 3538 ℳ, 1905: 4366 ℳ).

[53] Ohne die Kosten für Verpflegung kranker Kinder im Armenhaus.

[54] Gesamtarmenverband Neumünster, bestehend aus der Stadt Neumünster und 15 Landgemeinden.

[55] Die Kosten für Familienpflege sind bei den laufenden Barunterstützungen verrechnet und nur in einem Jahre (1901) mit 5110 ℳ angegeben.

[56] Einschließlich der Ausgaben für Zwangszöglinge.

[57] Weihnachtsbescherung.

Tabelle VI.

[1] bis [30] Vergl. die Anmerkungen zu Tabelle I.

[31] Seit dem 1. April 1905 ist der Anteil an der staatlichen Hundeabgabe für die Armenverwaltung in Fortfall gekommen.

[32] Erstattungen von der Waisenhauskassenverwaltung.

[33] Darunter auch Geschenke.

[34] Einschließlich der Gaben an sonst nicht unterstützte Personen (vorbeugende Armenpflege).

[35] Einschließlich freiwilliger Beiträge und Geschenke.

[36] Erstattungen aus der Großherzoglichen Staatskasse.

[37] Einschließlich Geschenke und Auktionsüberschüsse von in Privatleihhäusern versetzten Pfändern.

[38] Einschließlich der Einnahmen aus Strafgeldern, Gebühren pp.

[39] Einschließlich der Schiedsmanns-Sühnegelder.

[40] Wiedereingezogene Kosten der Waisenverwaltung.

[41] Einschließlich der Rückzahlungen der Hospizien-Deputation.

[42] Erstattungen aus der Kgl. Bayerischen Staatskasse.

[43] Reste aus dem Vorjahr.

[44] Aus der Hospitalkasse.

[45] Einschließlich eines Zuschusses aus dem Polizeistrafgelderfonds der Rheinprovinz zu den Pflege- und Erziehungskosten der Waisen (1901: 4164 ℳ, 1902: 5504 ℳ, 1903: 6063 ℳ, 1904: 6271 ℳ, 1905: 6986 ℳ).

[46] Einschließlich eines Zuschusses der städtischen Sparkasse.

[47] Erstattungen der Landeshauptkasse Elsaß-Lothringen auf Grund des vom Reichslande mit verschiedenen Bundesstaaten getroffenen armenrechtlichen Abkommens.

[48] Einschließlich des Kassenbestandes des jeweiligen Vorjahres.

[49] Darunter Beiträge der Domänenkasse, sowie der Stadtkirchkasse für die Armenpflege, für 1903 und 1905 auch Überschuß der Hospitalkasse mit 4630 bzw. 4473 ℳ.

[50] Gesamtarmenverband Neumünster, bestehend aus der Stadt Neumünster und 15 Landgemeinden.

[51] Unter den sonstigen Einnahmen mitenthalten.

[52] Ohne die Personen mit auswärtigem Unterstützungswohnsitz.

[53] Einschließlich Beiträge von Kirche und Universität.

Tabelle II.

Die Ausgaben für offene Armenpflege im Durchschnitt der Jahre 1901 bis 1905.

Lfde. Nr.	Gemeinde	A. Unterstützungen zum Lebensunterhalt – Barunterstützungen: laufende ℳ	für . . . . Familien	pro Familie ℳ	einmalige ℳ	überhaupt ℳ	Naturalunterstützungen: überhaupt ℳ	darunter Nahrungsmittel ℳ	insbesondere Milch ℳ	Kleidung und Hausrat ℳ	Heizmaterial ℳ	B. Offene Krankenpflege: überhaupt ℳ	davon insbesondere Arzneien ℳ	mechanische Heilmittel ℳ	Heilmittel überhaupt ℳ	C. Sonstige Kosten ℳ	Summe der Ausgaben für offene Armenpflege ℳ	Lfde. Nr.
1	2	3	4	5	6	7	8	9	10	11	12	13	14	15	16	17	18	19
1	Berlin	7 394 085	40 411	182,97	[31] 802 283	8 196 368	499 038	191 098	107 724	20 884	287 056	356 424	156 042	51 071	207 102	69 236	9 121 066	1
2	Hamburg	2 005 644	9 199	218,08	38 677	2 044 321	98 836	27 594	24 512	37 464	33 778	126 008	18 436	6 848	41 172	59 109	2 328 269	2
3	München[1]	573 873	[27] 6 090	.	93 937	667 810	106 156	39 003	—	17 193	49 960	34 056	9 905	2 270	12 175	19 669	827 691	3
4	Dresden	654 522	[28] 3 814	.	121 894	776 416	88 152	24 728	8 593	21 549	39 375	48 148	14 947	2 245	18 587	17 337	930 053	4
5	Leipzig	650 648	3 508	185,48	51 658	702 306	109 155	79 996	4 924	20 765	8 394	35 417	6 395	1 400	7 795	4 640	851 518	5
6	Breslau	623 803	6 300	99,02	41 976	665 779	89 272	7 446	6 774	81 827	—	58 582	16 916	2 580	19 496	8 468	817 051	6
7	Cöln	498 062	3 067	162,39	27 390	525 452	18 352	8 434	2 307	9 917	—	51 752	19 560	4 841	24 401	10 612	601 168	7
8	Frankfurt a. M.[5]	.	2 319	.	.	466 397	78 860	69 786	—	4 074	—	33 261	8 119	1 068	9 787	[32] 41 826	615 344	8
9	Nürnberg[33]	392 861	3 480	112,89	22 371	415 232	126 354	62 356	[35] .	26 259	27 088	21 645	[34] 12 386	1 646	14 033	22 158	585 389	9
10	Düsseldorf	349 872	2 765	126,54	10 755	360 628	54 464	17 412	12 661	27 745	2 461	47 137	14 663	4 406	19 069	8 787	471 016	10
11	Hannover	95 220	1 503	63,35	36 040	131 260	35 636	17 643	3 232	16 851	1 142	21 259	8 031	1 384	9 415	9 889	198 044	11
12	Stuttgart	121 492	1 126	107,90	3 391	124 883	49 109	32 390	16 811	5 104	11 615	19 407	3 552	798	4 350	[35] 4 069	197 468	12
13	Chemnitz[29]	163 101	.	.	6 308	169 409	26 992	15 642	—	4 265	7 085	15 466	6 467	1 321	7 789	7 622	219 489	13
14	Magdeburg	238 862	2 326	102,69	28 214	267 076	50 402	24 003	[36] 8 345	[36,1] 6 051	20 349	36 026	7 102	1 168	8 271	6 784	360 288	14
15	Charlottenburg	373 027	2 704	137,95	41 179	414 206	50 986	15 210	.	22 443	5 595	62 352	12 197	2 758	14 955	11 544	539 088	15
16	Essen	.	.	.	.	302 743	8 584	2 422	112	2 095	2 613	25 475	7 126	1 160	8 286	7 480	344 282	16
17	Stettin[10]	287 851	.	.	18 790	306 641	24 607	8 914	2 490	8 592	12 100	21 322	7 358	1 016	8 375	5 658	358 228	17
18	Königsberg i. Pr.	246 174	[10] 3 165	.	[25,38] 9 754	258 679	18 716	9 962	[29] 3 211	[38,40] 5 058	[25] 5 884	32 387	13 830	1 076	14 916	5 442	315 224	18
19	Bremen	.	1 585	.	.	213 200	66 213	22 042	[41] 13 490	[39,20] 40 726	6 240	39 166	13 173	2 158	15 331	39 385	357 964	19
20	Duisburg	.	.	.	.	[37,42] 165 664	3 670	10	—	3 140	521	11 422	2 883	752	3 635	5 013	185 769	20
21	Dortmund	133 883	666	201,03	3 214	137 097	7 854	17	[23] 8	6 437	800	10 398	4 103	328	4 431	6 420	161 769	21
22	Halle a. S.	195 701	1 672	117,05	24 076	219 777	55 655	13 084	1 571	32 328	7 722	19 342	786	2 292	3 079	9 427	304 201	22
23	Altona	159 889	.	.	849	160 738	3 719	3 403	[10] 604	—	316	13 098	3 375	1 976	5 352	7 073	184 628	23
24	Kiel	201 531	1 353	148,95	19 125	220 657	36 910	18 018	.	15 590	—	12 823	4 311	2 262	6 573	5 057	275 447	24
25	Elberfeld[17]	[38,43] 209 200	[8] 2 122	.	4 352	214 925	[44] 29 952	[39,17] 10 305	.	9 905	5 292	19 337	6 448	1 720	8 566	3 008	267 222	25
26	Mannheim	.	[8] 1 878	.	.	197 786	47 721	40 958	2 080	6 763	—	19 809	5 355	1 536	6 891	15 589	280 905	26
27	Danzig	168 998	2 654	63,68	48 990	217 988	8 358	4 447	3 053	2 749	1 162	32 568	18 223	3 880	22 103	16 658	275 567	27
28	Barmen	140 734	618	227,72	2 550	143 284	1 556	792	163	440	[20] 862	11 686	3 285	426	3 712	5 972	162 498	28
29	Rixdorf	75 912	[36] 886	.	7 779	83 691	927	927	.	—	—	7 693	[27] 2 445	[27] 298	2 768	9 629	101 940	29
30	Gelsenkirchen	[29,45] 74 449	.	.	[29,46] 22 292	[40] 71 962	—	—	—	—	—	7 833	[24] 2 914	.	2 429	[41,47] .	70 805	30
31	Aachen[30]	.	859	.	.	235 983	4 572	4 572	4 572	[28] —	[28] —	37 171	18 508	2 153	20 751	9 781	287 507	31
32	Posen	175 072	1 757	99,64	6 536	181 608	30 155	24 297	9 381	3 963	1 895	[42] 21 488	[25] 5 997	[25] 733	6 424	10 453	243 699	32
33	Braunschweig	.	.	.	.	.	.	.	.	.	.	.	.	.	.	.	.	33
34	Cassel	.	721	.	.	90 482	34 246	21 177	[10] 3 456	4 083	5 564	6 905	326	437	764	5 233	136 866	34
35	Bochum	[43] 108 731	[21] 694	.	12 687	121 418	5 840	[44] .	[44] .	[45] 4 478	—	7 436	[24] 2 340	[24] 186	2 458	6 252	140 946	35
36	Crefeld	234 711	1 177	199,41	418	235 129	11 718	—	—	3 557	8 161	14 653	4 009	648	4 657	1 210	262 710	36
37	Plauen i. V.	29 328	381	76,98	638	29 967	2 189	351	58	1 402	437	4 320	886	198	1 034	1 852	38 328	37
38	Wiesbaden	[20] 75 668	274	276,16	[20] 242	78 009	20 808	10 835	4 119	6 733	3 260	14 297	2 840	340	3 216	12 226	125 340	38
39	Erfurt	[46] 79 299	1 141	69,50	8 006	87 305	13 634	8 597	1 018	2 220	2 079	6 655	[25] 2 277	[25] 273	2 406	2 144	109 738	39
40	Mülhausen i. E.	27 034	911	29,68	1 290	28 324	44 975	32 428	350	3 030	9 517	11 958	6 298	986	7 284	4 455	[47,28] 127 659	40
41	Mülheim a. Ruhr	53 319	421	126,65	18 983	72 302	5 483	1 294	183	3 494	215	7 828	[20] 3 720	[20] 600	[20] 4 320	1 565	87 178	41
42	Lübeck	31 352	493	63,59	385	31 736	20 008	16 225	815	898	2 890	4 950	1 227	309	1 543	2 242	58 936	42
43	Mainz	74 130	397	186,78	1 548	75 678	8 758	859	367	[48] 3 425	4 045	9 472	4 092	627	4 718	2 962	96 865	43
44	Görlitz	102 093	.	.	7 101	109 194	9 101	4 001	.	2 048	3 052	[13] 10 428	[1] 3 062	[1] 385	3 574	4 648	[23] 132 631	44
45	Darmstadt	93 680	510	183,69	7 966	101 646	15 165	6 864	4 767	4 181	4 120	[49] 16 062	8 277	646	8 921	7 122	139 995	45
46	Bonn	89 051	446	199,67	29 934	118 986	24 187	15 948	8 125	[50] 5 912	2 326	12 806	[21] 312	1 557	1 877	2 761	158 740	46
47	Münster i. W.	82 788	424	195,25	5 855	88 643	3 178	126	126	1 202	1 678	11 221	3 306	528	3 834	2 565	105 607	47
48	Würzburg	98 004	748	131,02	2 435	100 440	18 017	6 809	—	6 441	4 766	6 893	1 962	239	2 201	1 522	126 872	48
49	Hagen	134 693	923	150,26	1 855	136 548	12 344	3 469	193	8 419	455	9 553	3 477	641	4 118	3 554	161 999	49
50	Freiburg i. Br.	[51,20] 27 408	391	70,10	20 521	49 528	6 956	2 631	1 759	1 964	2 360	5 351	1 879	303	2 182	1 340	63 175	50
51	Ludwigshafen a. Rh.	21 734	[24] 292	.	10 997	32 730	28 841	18 501	[30] 9 076	6 438	3 902	34 539	11 036	154	11 190	2 670	98 780	51
52	Bielefeld[26]	.	381	.	.	47 669	3 279	248	.	976	2 060	6 464	1 457	100	1 557	4 017	61 429	52
53	Zwickau[25]	50 218	479	104,84	8 158	58 377	2 259	23	—	1 203	[52] 1 032	2 983	802	89	891	994	64 613	53
54	Königshütte	54 099	758	71,37	1 552	55 651	2 055	—	—	1 882	173	2 297	516	126	642	2 682	62 635	54
55	Remscheid	49 395	[25] 498	.	1 327	50 722	11 677	7 516	191	4 133	29	7 632	1 467	310	1 807	2 074	72 105	55
56	Frankfurt a. O.	42 979	.	.	4 800	47 778	7 489	3 194	2 514	4 295	—	8 111	3 626	454	4 080	551	63 929	56
57	Potsdam	71 792	654	109,77	3 894	75 686	5 026	1 360	.	—	3 666	6 536	3 202	401	3 603	1 458	88 706	57
58	Gleiwitz[20]	57 079	.	.	1 791	58 870	6 089	—	—	6 089	—	5 534	2 172	112	2 284	2 958	73 451	58
59	M.-Gladbach	.	.	.	.	[53] 106 385	[54] 4 466	—	.	1 945	.	11 961	.	.	[25] 4 906	4 715	127 527	59
60	Fürth[1]	83 394	[36] 638	.	15 240	98 634	9 304	67	—	2 819	6 417	5 960	3 010	112	3 122	679	114 577	60
61	Metz	.	.	.	.	27 845	40 967	30 284	[30] 1 877	[11] 6 380	6 856	11 261	[22] 2 887	[22] 1 580	4 724	303	80 876	61
62	Beuthen	35 948	641	56,08	1 241	37 189	1 492	48	—	[21] 1 112	547	4 271	1 207	14	1 221	2 072	45 024	62
63	Offenbach a. M.	82 658	[21] 462	.	8 018	90 676	10 795	—	—	7 026	3 770	5 879	1 505	408	1 925	[55] 1 512	108 862	63
64	Liegnitz	47 683	.	.	1 316	48 999	509	—	—	509	—	3 401	756	67	823	578	53 487	64
65	Pforzheim[24]	39 512	[14] 380	.	2 271	41 783	3 954	[14] 1 335	[14] 763	1 144	764	5 012	1 319	186	1 505	1 443	52 192	65
66	Linden	44 561	748	59,57	2 529	47 090	18 391	4 473	2 375	3 600	2 068	6 759	3 759	530	4 289	1 863	74 103	66
67	Elbing	64 284	705	91,18	5 348	69 632	2 890	204	193	658	71	7 016	4 181	230	4 441	1 275	80 813	67
68	Dessau	69 769	[11] 868	.	5 639	75 408	5 787	1 992	[20] 487	679	2 997	8 707	[20] 2 997	318	3 848	1 766	91 618	68
69	Bromberg	68 185	.	.	5 990	74 176	1 658	155	155	992	505	7 841	3 927	144	4 071	4 898	88 568	69
70	Coblenz	56 402	464	121,57	1 423	57 824	13 788	7 782	649	4 792	1 214	6 134	2 303	324	2 631	1 506	79 252	70
71	Flensburg[20]	[56,10] 74 695	[8] 645	.	[57] 2 614	76 036	[58,10] 6 162	[10] .	—	2 485	1 066	7 992	1 886	244	2 130	1 579	91 609	71
72	Kaiserslautern	.	[11] 809	.	.	37 860	6 190	3 718	253	1 869	603	5 322	.	.	1 911	968	50 340	72
73	Oberhausen	.	.	.	.	47 225	2 996	—	—	2 996	—	6 653	.	.	3 153	2 106	58 980	73
74	Brandenburg a. H.	21 609	409	52,83	246	21 855	201	—	—	201	—	2 885	706	458	1 164	642	25 583	74
75	Mülheim a. Rhein	70 298	531	132,39	267	70 557	1 496	621	459	875	—	4 591	1 160	168	1 327	873	77 517	75
76	Hildesheim	15 582	238	65,47	8 104	23 685	2 635	565	.	2 070	—	2 605	776	113	889	1 060	29 985	76
77	Gera	[30] 36 048	[28] 315	.	[30] 8 773	36 384	2 798	2 330	—	80	388	2 496	841	93	934	2 402	44 080	77
78	Cottbus	[11] 46 888	546	85,88	[11] 3 234	50 823	2 729	68	62	1 184	1 527	8 979	3 352	475	3 826	1 382	63 913	78
79	Halberstadt	61 432	[24] 752	.	1 137	62 569	10 652	1 003	[1] 86	5 287	4 362	11 606	8 114	264	8 378	2 984	87 811	79
80	Recklinghausen	[1] 29 188	[1] 174	167,75	[1] 10 120	40 339	9 065	5 807	—	3 258	—	3 000	[1] 448	[1] 82	670	3 119	55 523	80
81	Worms	43 512	164	265,32	[50] 8 318	51 830	4 678	2 396	756	908	1 205	6 058	1 583	303	1 887	2 872	65 433	81
82	Schwerin	[9] 61 712	993	.	[9] 355	59 377	7 861	2 541	.	3 741	1 579	6 132	1 746	182	1 927	927	74 297	82
83	Colmar i. E.	34 360	463	74,21	4 428	38 788	25 567	18 477	—	2 090	4 643	7 198	1 323	252	1 575	2 882	74 430	83
84	Rheydt	54 891	210	261,39	5 340	60 231	9 399	2 450	980	609	580	6 317	2 232	292	2 524	725	76 672	84
85	Heilbronn	.	232	.	.	25 970	3 180	253	.	1 141	1 787	4 460	.	.	348	—	33 610	85
86	Altenburg[28]	12 539	148	84,72	1 720	14 259	4 599	3 110	57	153	1 445	377	263	51	315	1 754	20 989	86
87	Malstatt-Burbach[23]	28 169	252	111,78	2 804	30 972	1 995	1 050	6	818	127	4 642	2 182	194	2 450	1 003	38 612	87
88	Hamm	8 336	[25] 178	.	1 385	9 721	5 098	3 157	201	1 612	268	2 719	583	103	687	625	18 103	88
89	Landsberg a. W.	.	459	.	.	29 784	3 496	—	—	3 191	305	2 452	1 065	78	1 143	1 286	37 018	89
90	Gotha[22]	24 002	469	51,18	415	24 416	15 586	8 043	—	1 530	4 037	8 684	1 758	317	2 138	2 358	51 044	90
91	Guben	22 681	338	67,10	603	23 285	554	—	—	480	74	2 892	646	59	705	844	27 075	91
92	Hof	19 712	321	61,41	4 245	23 957	3 698	1 004	—	814	80	1 641	568 (Sp. 14 und 15 zusammen)		563	44	29 340	92
93	Witten	.	.	.	.	17 110	5 798	4 441	380	1 305	52	3 754	1 408	144	1 613	1 248	27 910	93
94	Kattowitz	29 809	391	76,24	3 561	33 371	907	13	13	847	48	[11] 4 574	2 280	105	2 385	1 550	[11] 37 970	94
95	Eisenach	14 260	251	56,81	2 076	16 336	11 540	8 489	582	2 243	808	2 245	[25] 326	[25] 26	352	955	31 076	95
96	Bernburg	44 243	586	75,50	1 967	46 211	8 278	280	202	764	1 520	4 724	1 681	204	1 884	849	55 062	96
97	Zittau	20 815	.	.	2 683	23 498	2 190	614	2	875	1 201	2 272	885	131	1 016	2 226	30 186	97
98	Göttingen	[21] 17 675	[21] 252	70,14	[21] 11 125	26 221	6 862	4 493	2 054	766	1 603	4 724	[21] 1 600	[21] 275	[21] 1 875	820	42 627	98
99	Pirmasens	.	.	.	.	.	.	.	.	.	.	.	.	.	.	.	.	99
100	Forst	31 015	.	.	255	31 270	1 990	440	.	941	610	2 125	.	.	849	1 307	36 692	100
101	Altenessen	24 853	204	121,83	3 189	28 043	1 184	386	128	786	11	4 259	1 916	39	1 956	1 146	34 632	101
102	Meiderich	.	.	.	.	40 500	—	—	—	—	—	3 804	1 414	106	1 520	947	45 251	102
103	Ratibor	33 372	481	69,38	5 681	39 052	1 597	91	—	1 440	58	3 928	1 472	139	1 611	1 974	46 551	103
104	Neunkirchen	33 451	[24] 207	.	3 245	36 697	6 305	1 793	.	3 293	1 220	6 176	1 340	136	1 477	1 181	50 359	104
105	Thorn[24]	[14] 28 152	.	.	[14] 2 864	30 747	1 906	211	[30] 19	[60] 1 068	1 112	3 777	[4] 268	[4] 100	305	697	37 128	105
106	Hanau	29 872	[13] 230	.	1 842	31 714	13 069	5 568	1 498	[50] 5 209	2 040	2 984	633	159	792	2 448	50 215	106
107	Wandsbek	26 170	268	99,51	51	26 221	1 935	69	47	1 620	246	1 228	345	128	473	1 525	30 909	107
108	Neumünster[61]	29 312	266	110,20	175	29 487	469	.	.	.	.	3 031	768	60	828	2 827	35 814	108
109	Stolp i. P.	[37] 48 068	[27] 574	.	822	49 005	2 083	125	125	431	1 526	4 988	1 935	138	2 073	1 271	57 347	109
110	Weimar	[25] 4 331	.	.	[25] 741	5 083	6 385	3 062	200	463	2 860	1 374	224	48	272	262	13 104	110
111	Weißenfels	12 657	323	39,18	161	12 818	6 072	4 665	16	508	[62] 499	756	88	31	119	808	20 454	111
112	Freiberg i. S.	19 754	287	68,83	1 225	21 003	796	145	.	270	381	2 769	925	98	1 023	998	25 566	112
113	Oppeln	33 196	602	55,14	642	33 838	.	.	.	.	.	2 292	[1] 286	[1] 2	399	839	.	113
114	Zeitz	[25] 25 768	[29] 476	.	[25] 399	25 502	5 738	3 248	.	1 395	1 095	2 224	202	306	507	336	33 800	114
115	Schweidnitz	[1] 14 213	.	.	[1] 1 030	15 429	.	.	.	.	.	4 789	929	194	1 145	.	.	115
116	Nordhausen	.	381	.	.	32 959	2 926	114	44	1 432	381	3 900	404	65	469	1 120	40 905	116
117	Iserlohn[1]	22 257	272	81,83	763	23 021	9 513	6 748	1 589	1 266	1 499	4 080	1 866	300	2 166	531	37 145	117
118	Lüdenscheid[26]	24 529	169	145,14	7 245	31 774	5 809	304	67	4 470	1 035	2 468	368	50	418	1 582	41 633	118
119	Gießen[28]	.	.	.	.	15 959	6 678	3 949	2 012	1 303	1 425	10 031	70	164	250	3 503	36 171	119
120	Insterburg	[37] 22 497	.	.	3 788	[37] 26 285	1 810	1 411	.	230	168	2 872	1 106	163	1 269	1 288	32 255	120
121	Herford[2]	8 957	118	79,91	204	9 161	2 304	514	57	1 329	460	3 144	776	92	868	399	15 008	121
122	Oldenburg	.	.	.	.	4 714	5 949	3 325	.	1 756	867	1 688	305	18	323	1 262	13 613	122
123	Hörde[3]	8 117	164	49,49	1 169	9 286	1 207	392	.	[28] 982	[28] 28	1 659	606	28	634	1 070	13 222	123
124	Aschersleben	.	.	.	.	[63,21] 31 462	2 074	1 484	3	390	250	3 490	1 422	97	1 519	1 089	[21] 37 668	124
125	Stargard i. P.	21 432	257	83,39	2 170	23 602	55	25	25	29	—	1 693	564	8	572	709	26 059	125
126	Minden[5]	.	.	.	.	36 880	1 089	106	—	498	394	2 025	760	33	794	1 580	41 524	126
127	Reichenbach	17 778	[22] 198	.	827	18 605	386	—	—	[21] 288	[21] 145	2 293	[1] 298	[1] 84	316	275	21 559	127
128	Glauchau[21]	18 992	178	106,70	757	19 749	1 327	481	—	801	437	1 985	426	49	501	809	23 870	128
129	Hohensalza[64]	.	.	.	.	[65] 29 331	2 093	215	215	1 878	—	2 495	[8] 1 220	[8] 184	1 288	1 444	35 363	129
130	Greifswald	22 842	356	64,16	531	23 373	10 320	492	268	2 041	1 102	1 371	362	72	434	848	35 912	130

Tabelle VI.

Die verschiedenen Arten der Einnahmen der Armenverwaltungen im Durchschnitt der Jahre 1901 bis 1905.

Lfde. Nr.	Gemeinde	Einnahme aus eigenem Vermögen ℳ	Einnahme aus Stiftungen ℳ	Zuschüsse der Staatskasse ℳ	Zuschüsse größerer korpor. Verbände ℳ	Erstattungen von Armenverbänden ℳ	Erstattungen von Krankenkassen usw. ℳ	Erstattungen vom Unterstützten selbst usw. ℳ	sonstige Erstattungen ℳ	Erstattungen zusammen ℳ	Einnahme aus Steuern, Strafgeldern, Gebühren usw. ℳ	Sonstige Einnahmen ℳ	Summe von Spalte 3 bis 6 und Spalte 11 bis 13 ℳ	Städtischer Zuschuß ℳ	Gesamtbetrag der Einnahmen ℳ	Lfde. Nr.
1	2	3	4	5	6	7	8	9	10	11	12	13	14	15	16	17
1	Berlin	.	.	.	.				.	.	.	.	.	.	.	1
2	Hamburg	—	—	—	—	138 108	146 009	218 868	—	497 485	—	—	497 485	5 130 872	5 628 357	2
3	München [1]	118 598	40 584	2 538	—	14 710	—	85 811	5 448	105 969	55 041	74 289	397 021	.	.	3
4	Dresden	121 997	58 659	—	—	186 072	33 587	103 732	—	323 391	[12] 139 472	16 820	571 250	1 696 552	2 267 802	4
5	Leipzig	121 997		—	—	217 236	211 403		1 223	429 862	357 546	23 845	938 250	1 515 175	2 448 425	5
6	Breslau	49 454	12 934	16 706		40 854	77 432			118 286	129	25 847	223 356	1 989 273	2 212 629	6
7	Cöln	414 700	2 186	—	—	115 209	233 708	127 045	32 089	508 052	—	212 789	1 137 727	992 393	2 130 120	7
8	Frankfurt a. M. [5]	—	271 667	—	1 114		294 892		2 685	297 578	—	10 892	581 251	1 197 605	1 778 856	8
9	Nürnberg [28]	3 009	71 535	325	—	64 798	5 242	33 028	—	103 067	7 354	5 081	190 371	.	.	9
10	Düsseldorf	5 595	—	—	—	84 329	44 936	80 863	—	160 128	—	13 685	179 408	1 021 607	1 201 015	10
11	Hannover	25 016	9 954	—	—	65 064	24 259	57 251	.	146 575	—	26 271	207 816	601 766	809 582	11
12	Stuttgart	54 500	4 907	7 114	—	96 271	23 043	29 294	206	148 814	[31] 55 378	781	271 494	391 525	663 019	12
13	Chemnitz [20]	6 503	5 384	—	—	72 616	9 143		[32] 10 087	91 845	221 763	4 813	330 258	284 408	614 666	13
14	Magdeburg	13 788	90 187	—	2 035	76 589	33 145		193	109 928	1 739	7 016	224 688	.	.	14
15	Charlottenburg	—	—	—	—	122 136	11 718	22 477	—	156 331	1 867	3 212	160 910	.	.	15
16	Essen	—	11 909	119	—		140 796		36 735	177 532	408	8 900	198 868	603 560	802 428	16
17	Stettin [19]	8 715	14 087	—	—	47 334	14 206		—	61 541	[33] 1 801	.	86 144	.	.	17
18	Königsberg i. Pr.	.	.	.	.	.			.	.		.				18
19	Bremen	160	[34,30] 9 578	—	—	138 472	30 911	41 243	—	210 625	—	—	220 700	797 815	1 018 515	19
20	Duisburg	[21] 2 416	—	—	—	25 958	30 424			56 382	31 476	2 918	98 185	280 484	373 660	20
21	Dortmund	70 142	416	—	—					67 307	[34] 117	1 720	139 678	[25] 307 793	[25] 450 054	21
22	Halle a. S.	1 669	24 208	—	17 550	79 240	20 101	26 906	1 489	127 736	[35] 5 404	5 833	182 400	523 737	706 137	22
23	Altona	—	4 610	—	—	111 173	20 648	28 684	539	160 845	—	1 477	166 932	368 941	535 873	23
24	Kiel	—	6 304	—	—	72 899	30 128	20 131	34 281	157 440	—	2 066	165 810	488 409	654 219	24
25	Elberfeld	27 820	1 096	—	—	44 653	43 616		—	88 269	40 384	4 266	161 835	597 142	758 977	25
26	Mannheim	—	1 542	—	29 473	[25] 56 946	[25] 11 033	[25] 16 106	[36,25] 19 278	[25] 103 264	—	4 800	[25] 139 866	[10] 580 103	[36] 711 449	26
27	Danzig	53 590	24 640	—	—	59 398	93 119	33 400	1 400	187 317	[37] 1 679	4 997	272 223	.	.	27
28	Barmen	—	16 601	—	—	41 037	15 271	39 787	—	96 096	23 269	7 007	142 973	332 877	475 850	28
29	Rixdorf [34]	—	—	—	—	45 579	8 814	23 755	—	78 147	—	[28] 1 953	80 126	[29] 275 226	[20] 368 798	29
30	Gelsenkirchen	887	—	—	—	[10] 36 702	[10] 13 293	[10] 15 235	—	54 325	—	[38,25] 978	55 994	.	.	30
31	Aachen [30]	141 268		—	—	21 085	7 242	102 278	—	130 605	—	12 712	284 585	585 283	869 868	31
32	Posen	8 775	136	—	—	35 442	7 831	15 211	[40] 5 354	63 838	64	1 472	74 285	.	.	32
33	Braunschweig	.	.	.	.	.	.	.	.	.	.	.	.	.	.	33
34	Cassel	1 496	26 059	—	—		50 791		—	50 791	1 693	871	80 910	246 097	327 007	34
35	Bochum	5 007	197	—	—	36 681	8 083	12 270	2 829	59 863	161	906	66 135	[17] 210 822	[17] 281 250	35
36	Crefeld	1 825	7 198	—	—	14 684	29 506		—	44 191	—	1 887	54 546	461 817	516 363	36
37	Plauen i. V.	70	456	—	—	[10] 24 826	[10] 7 087	[10] 13 361	[10] 698	41 998	129 023	1 131	172 679	[38] 14 579	[38] 130 905	37
38	Wiesbaden	4 868	17 216	—	—	37 706	9 000	20 118	118	66 942	—	6 940	95 966	254 941	350 907	38
39	Erfurt	9 547	6 080	276	—	17 538	1 214	33 151	437	52 340	456	4 393	73 093	[25] 206 696	[25] 283 089	39
40	Mülhausen i. E. [10]	77 469	225	1 967	—	45 190	162 585	27 894	—	235 670	26 988	46 896	389 217	.	.	40
41	Mülheim a. Ruhr	—	[20] 981	—	—	[20] 35 300	[20] 11 762	[20] 16 777	[20] 100	50 528	—	[20] 281	.	.	[20] 260 094	41
42	Lübeck	121 757	4 495	—	—	70 194	8 280	9 223	—	87 697	60	6 439	220 448	[25] 13 224	[25] 230 637	42
43	Mainz	15 315	1 840	—	—	33 770	13 165	18 279	—	60 214	—	.	[41] 77 369	.	.	43
44	Görlitz	[11] 2 760	[21] 2 410	—	4 669	26 341	.	19 062	—	.	324	1 370	.	.	.	44
45	Darmstadt	—	[25] 4 943	171	[7] 16 760	.	.	.	.	54 155	—	2 058	[7] 85 082	.	.	45
46	Bonn	35 280	25 027	—	—	62 835	5 953	15 380	6 919	91 087	18 913	[11] 871	174 137	222 933	397 070	46
47	Münster i. W.	213 490		—	—	29 744	11 360	6 485	—	47 589	—	1 286	262 365	100 059	362 424	47
48	Würzburg	—	30 572	842	—	30	3 183	6 171	—	9 884	6 152	2 535	49 485	.	201 300	48
49	Hagen	256	—	—	—	28 245	7 688	21 272	—	57 205	974	380	58 815	.	350 442	49
50	Freiburg i. Br.	—	59 528	2 995	10 742	624	3 230	4 476	—	8 330	—	—	81 590	.	175 191	50
51	Ludwigshafen a. Rh.	826	—	—	720	29 515	417	1 649	[42] 28 469	60 051	1 948	3 180	66 725	82 806	149 531	51
52	Bielefeld [25]	24 310	471	—	—	21 271	9 209	9 360	—	39 840	.	[20] 575	65 147	[20] 98 862	[20] 164 510	52
53	Zwickau [20]	3 696	11 981	—	1 241	23 213	2 742	8 269	267	34 491	49 846	8 788	110 045	51 070	161 115	53
54	Königshütte	—	217	—	1 800	14 895	4 256	2 708	—	21 859	—	155	24 081	118 830	142 861	54
55	Remscheid	—	18 485	—	—	12 164	9 948	12 395	37	34 544	7 395	1 895	62 819	148 264	210 583	55
56	Frankfurt a. O.	12 998	16 355	—	—	95 717		28 014	—	128 731	—	6 705	159 784	.	.	56
57	Potsdam	14 831	—	—	3 000	20 086		4 811	18	24 914	597	814	44 156	196 518	240 674	57
58	Gleiwitz [20]	—	1 478	—	—	14 956	4 974		—	19 930	—	420	21 829	[8] 97 275	[8] 119 500	58
59	M.-Gladbach	[13] 780	175	—	—	26 743	15 998		49	42 790	—	3 834	[13] 46 610	.	.	59
60	Fürth [1]	2 454	806	—	220	2 199	—	1 341	2	4 662	1 963	631	10 737	.	.	60
61	Metz	24 566	8 663	—	—	17 708	—	—	—	17 708	14 074	19 027	84 088	.	.	61
62	Beuthen	1 089	—	—	—	[25] 16 767	1 375	2 588	51	[25] 20 893	12 115	140	[25] 34 361	.	.	62
63	Offenbach a. M.	2 179	288	—	999	28 324	8 083	7 916	—	39 273	—	49	42 738	.	.	63
64	Liegnitz	3 787	—	—	—	.	[21] 222	[21] 3 501	4	.	195	447	.	.	.	64
65	Pforzheim	—	[24] 3 285	.	[16] 5 203	[8] 22 772	[14] 8 108	[14] 7 158	[14] 4 746	[3] 43 875	.	[24] 336	.	.	[16] 155 614	65
66	Linden	—	—	—	—	34 674	6 201	20 827	—	61 703	304	2 767	64 774	.	.	66
67	Elbing	60	20 525	—	—	.	.	.	.	7 160	482	845	29 072	[25] 108 525	[25] 137 292	67
68	Dessau	3 098	140	17	—	17 645	3 554	4 853	298	26 350	9 193	821	39 119	[20] 183 772	[20] 174 652	68
69	Bromberg	—	—	—	—	16 582	1 073	5 626	—	23 231	118	1 124	24 473	.	.	69
70	Coblenz	5 032	1 816	—	—	15 465	1 840	3 601	—	20 406	286	1 599	29 139	.	.	70
71	Flensburg [20]	267	2 469	—	—	34 436	2 696	13 802	[43,8] 2 275	52 451	63	2 002	57 251	130 888	188 134	71
72	Kaiserslautern	530	[44] 6 594	—	450		21 399		—	21 399	1 946	559	81 478	.	.	72
73	Oberhausen	—	1 430	—	—	24 174	5 382	6 296	—	35 851	10 210	973	48 464	.	.	73
74	Brandenburg a. H.	—	9 147	—	—	3 595	1 078	3 372	—	8 061	2	535	17 745	76 889	94 634	74
75	Mülheim a. Rh.	16 030	4 291	—	—	10 259	2 848	7 976	—	21 083	42	[45] 5 863	47 309	96 815	144 124	75
76	Hildesheim	79 979	2 417	4 234	90	15 917	5 494	8 145	—	29 556	255	13 473	130 004	45 602	175 606	76
77	Gera	886	7 870	—	—	19 198	3 111	7 799	—	30 108	876	881	40 121	84 392	124 513	77
78	Cottbus	199	[21] 3 718	—	—	10 072	1 801	5 848	—	17 221	96	[21] 1 179	23 063	95 099	118 162	78
79	Halberstadt	19 262	744	—	1 648	13 586		12 109	985	26 681	267	2 419	51 021	124 090	175 111	79
80	Recklinghausen	2 639	121	—	—	19 561	11 904		389	31 855	7	832	35 454	[22] 64 064	[22] 98 194	80
81	Worms	85	970	—	[46] 2 440	14 862	2 937	6 268	1	24 068	41	[15] 3 044	32 632	108 252	140 884	81
82	Schwerin	5 804	—	—	—	6 582	4 999		—	11 581	169 248	547	187 180	.	.	82
83	Colmar i. E.	4 558	1 745	—	—	4 531	477	—	[47] 3 390	8 399	13 745	24 248	52 695	.	.	83
84	Rheydt	933	10	—	—	12 780	—	4 478	—	17 258	4 679	2 275	25 155	96 851	122 006	84
85	Heilbronn	69 358	1 129	—	—	9 872	760	5 297	713	16 641	11 597	75	98 800	.	.	85
86	Altenburg [23]	—	1 956	12 890	—		25 052		—	25 052	14 445	275	54 619	30 077	84 696	86
87	Malstatt-Burbach [22]	—	—	—	4 775	11 462	3 617	3 609	—	18 688	7 311	96	30 871	38 466	69 337	87
88	Hamm	18 561	—	—	—	5 693	797	5 888	—	12 378	—	[48] 5 145	36 084	28 160	64 244	88
89	Landsberg a. W.	101	365	—	—	14 045	2 454	3 113	—	19 612	33	626	20 738	[25] 71 863	[25] 93 511	89
90	Gotha [29]	—	5 920	8 819	—	16 261	1 010	2 824	—	20 095	—	[49] 6 042	40 877	[20] 33 845	[20] 125 521	90
91	Guben	7 609	2 309	—	—	7 124	9 875	6 358	—	23 358	115	81	33 472	60 855	98 827	91
92	Hof	.	.	—	.	1 828	2 965		—	4 798	3 239	2 462	.	.	.	92
93	Witten	—	332	—	—	12 486	4 752	4 453	196	21 887	—	807	22 526	61 734	84 260	93
94	Kattowitz	140	1 506	—	—	5 592	3 664	1 814	—	11 070	187	661	13 564	[11] 70 978	[11] 78 769	94
95	Eisenach	4 269	3 098	—	—	8 501	645	1 385	296	10 828	15 592	274	34 061	.	.	95
96	Bernburg	—	13 300	—	—	11 186	5 562		—	16 758	40 178	—	70 226	[25] 32 887	[25] 103 258	96
97	Zittau	—	11 446	—	—	4 770	1 864	4 749	—	11 383	18 857	572	42 258	23 533	65 791	97
98	Göttingen	3 770	3 672	—	—	[20] 9 633	[20] 3 780	[20] 4 906	—	[20] 18 319	9 372	1 018	[20] 38 180	.	[21] 99 087	98
99	Pirmasens [29]	202	—	—	—	.	.		.	15 065	3 191	—	18 458	.	.	99
100	Forst	304	32	—	—	9 008		3 591	472	18 071	154	275	18 886	[10] 71 545	[10] 85 602	100
101	Altenessen	1 099	—	—	7 161	10 591	8 550	4 695	594	24 430	60	1 038	38 788	52 565	86 353	101
102	Meiderich	—	—	—	7 640	9 197	1 248	4 578	—	15 018	4 137	[18] 145	26 882	59 285	86 167	102
103	Ratibor	76	2 960	—	—	[1] 6 268	541	1 329	—	[1] 7 596	57	1 141	[1] 12 273	[1] 66 471	81 907	103
104	Neunkirchen	—	78	—	—	8 094	2 385	3 518	—	13 998	—	—	14 076	71 136	85 212	104
105	Thorn	[8] 11 261	[8] 6 583	—	[24] 2 000	[4] 424	[4] 405	[4] 1 797	[24] 1 731	[24] 2 398	[24] 61	[24] 1 160	[8] 21 565	.	[30] 115 865	105
106	Hanau	.	.	—	3 058	13 213	3 020	7 421	184	23 838	318	681	.	.	119 661	106
107	Wandsbek	.	1 280	—	—	16 108	1 811	2 754	—	20 178	—	641	22 094	59 945	82 039	107
108	Neumünster [30]	70	.	—	—	19 743	4 219	2 680	—	26 641	62 004	45	88 760	.	.	108
109	Stolp i. P.	581	1 459	—	—	9 408	251	2 083	—	11 742	[51] .	[88] 844	14 626	81 426	96 052	109
110	Weimar	728	2 095	80	—	614	210	2 030	1 115	3 969	.	[11] 3 271	[11] 9 822	[3] 26 232	[8] 36 228	110
111	Weißenfels	820	4 073	—	—	4 525	121	2 971	170	7 788	12 615	190	25 486	23 601	49 087	111
112	Freiberg i. S.	1 842	7 419	—	—	11 070	2 705	3 889	—	17 664	6 282	1 039	34 246	[10] 49 328	[10] 83 535	112
113	Oppeln	478	13	—	60	.	.	.	.	1 512	2 483	305	4 851	.	.	113
114	Zeitz	18	1 623	—	—	.	.	.	—	[25] 19 574	56	571	[25] 21 664	[8] 72 667	[8] 95 356	114
115	Schweidnitz	[20] 1 613	[20] 1 161	—	—	.	.	.	.	.	309	.	.	.	.	115
116	Nordhausen	8 137	35 687	—	—	1 084	278	5 983	—	7 346	75	1 624	47 869	63 040	110 909	116
117	Iserlohn [1]	5 883	.	.	.	.	.	.	.	16 045	370	544	22 343	[28] 88 136	[28] 109 832	117
118	Lüdenscheid [28]	—	—	.	.	10 597	771	6 511	—	17 878	—	145	18 023	.	.	118
119	Gießen	[20] 15 115	[25] 174	—	—	[20] 13 394	[25] 1 801	[20] 8 292	[20] 24	[20] 18 404	—	[25] 234	[20] 33 940	.	.	119
120	Insterburg	—	111	—	—	1 719	2 104	890	155	4 868	66	164	5 209	.	.	120
121	Herford [2]	5 820	.	.	.	5 579	141	3 702	.	9 428	.	.	15 243	[28] 31 134	[26] 44 811	121
122	Oldenburg	1 852	—	—	—	8 615		2 632	—	11 247	45 034	1 320	59 453	.	.	122
123	Hörde [5]	410	131	.	9	4 250	767	5 667	—	10 685	.	182	11 417	.	.	123
124	Aschersleben	144	60	—	—	3 888	—	481	—	4 369	128	323	5 024	.	.	124
125	Stargard i. P.	1 362		—	4 580	5 608	86	2 171	161	8 026	6	183	14 107	.	.	125
126	Minden [5]	12 818	9 525	.	300	4 596	65	1 503	.	6 164	10 108	57	39 473	.	.	126
127	Reichenbach	.	.	—	—	.	.	.	—	6 787	16 321	.	.	.	[21] 53 292	127
128	Glauchau [21]	1 482	—	—	—	[14] 7 265	.	[14] 5 023	.	[21] 12 018	[21] 9 898	[21] 86	[21] 23 484	[21] 28 493	[21] 51 977	128
129	Hohensalza [52]	—	11	—	—	[20] 390	[20] 376	[20] 397	—	1 195	30	120	1 356	[10] 50 406	[10] 52 007	129
130	Greifswald	—	[53] 3 360	—	—	18 897	6 816		.	25 713	126	3 160	32 359	54 030	86 389	130

MIX
Papier aus verantwortungsvollen Quellen
Paper from responsible sources
FSC® C105338

Printed by Libri Plureos GmbH
in Hamburg, Germany